Roland Barthe

nichtkol.)
widerständige Sprachen? 16 f.
(Sprache d. Hofjäller + der Unterdrückten)
(„Es gibt keinen linken Mythos")

singen im sommer.
Sinn: phantomet.
meiner peiniger
körper peinigen

„das Glück d. peiniger
körpers" wendet sich der liebenden/die zuwende gilt die unwillsaugung immer.

Im Lied
hergestellt der
Mutter
Dolin

Gabriele Röttger-Denker

Roland Barthes zur Einführung

Überarbeitet und mit einem neuen Vorwort versehen von Rolf Denker

JUNIUS

Junius Verlag GmbH
Stresemannstraße 375
22761 Hamburg

Umschlaggestaltung: Florian Zietz
Titelfoto: Ullstein Bilderdienst
Satz: H & G Herstellung, Hamburg
Druck: Druckhaus Dresden
Printed in Germany 1997
ISBN 3-88506-951-2
2., überarb. Auflage Oktober 1997

Die Deutsche Bibliothek - CIP-Einheitsaufnahme

Röttger-Denker, Gabriele:
Roland Barthes zur Einführung / Gabriele Röttger-Denker. -
2., überarb. Aufl. -
Hamburg : Junius 1997
(Zur Einführung ; 151)
ISBN 3-88506-951-2
NE: GT

Inhalt

Anhang

Vorbemerkung

Nach einem einleitenden »Porträt«, in dem die Verfasserin drei Phasen im Lebenswerk von Roland Barthes durch Skizzen zu seinen Hauptwerken mit einem besonderen Blick auf das »Frühwerk« sprechend vorstellt und seine Wendung von der zunächst angestrebten Wissenschaftlichkeit im Umfeld der Semiologie zu später eher kunstvoll erzählenden Darstellungsweisen überzeugend charakterisiert, konzentriert sie sich in weiteren Hauptteilen ihrer Einführung auf grundsätzliche Fragen an das »Spätwerk«, aber mit ständigem Bezug auf alle seine Publikationen und auf die Konzeptionen wichtiger Zeitgenossen.

Es ist für mich eine große Freude, auch diese zweite Auflage herausgeben zu können, um so meiner an einem immer noch unheilbaren Krebsleiden früh verstorbenen wunderbaren Partnerin nach Jahren kostbarer Erinnerungen diesen redaktionellen Liebesdienst zu erweisen.

Der klar strukturierte Text hat seine darstellende Kraft bewahrt und ist heute so aktuell wie zur Zeit der ersten Auflage. Während in den USA, England und in Italien gründliche Studien verfaßt wurden und so das Lebenswerk von Roland Barthes weiterhin anregende Aneignung und kritische Auseinandersetzung erfährt und in Frankreich außer etlichen umfassenden Arbeiten die beeindruckende Biographie von Louis-Jean Calvet erschien – die nicht nur ein gelungenes Gesamtbild von diesem vielseitig kreativen Denker und seinen schriftstellerischen Arbeiten entwirft, sondern auch einen wesentlichen Beitrag zur politisch-kulturellen Zeitlage in Frankreich liefert – und die schöne dreibändige Dünndruck-Gesamtausgabe seiner Werke in den Éditions du Seuil herauskam, bleibt in Deutschland die Beschäftigung mit der ebenso gedankenvollen wie gestaltungsreichen französischen Philosophie und auch speziell mit dem Lebenswerk von Roland Barthes weiterhin als dringende unerledigte Aufgabe gestellt.

Dabei kann diese überarbeitete und aktualisierte Neuauflage wieder auf wichtige Haupt- und Nebenwege für jetzt notwendiges Erleben und Denken leiten.

Den kurz vor ihrem Tod ausgesprochenen Dank von Gabriele Röttger-Denker, selbst Philosophin und Therapeutin, an Partner, Freunde, Ärzte und Therapeuten, die sich alle unermüdlich um ihr Leben sorgten, möchte ich mit bewegtem Herzen unbedingt wiederholen!

Rolf Denker

Roland Barthes – ein Porträt

Roland Barthes, geboren 1915 in Cherbourg, seit 1976 Professor für »Literarische Semiologie« am Collège de France in Paris, gestorben 1980 an den Folgen eines tragischen Verkehrsunfalls, war und ist eine der bedeutendsten Gestalten des französischen Geisteslebens der Nachkriegszeit. Er profilierte sich nicht nur im Umkreis der strukturalistischen Texttheorie, sondern engagierte sich auch sein Leben lang als Kritiker in Zeitungen und Zeitschriften, in denen er meist zu aktuellen – vorwiegend literarischen – Ereignissen Stellung nahm und so manche heftige Kontroverse auslöste, z. B. über Racine *(Sur Racine)*.

Bei uns ist er eher immer nur für einen kleinen Kreis von Kennern der französischen Szene ein Begriff geblieben – oft ohne Kenntnis seines umfangreichen Gesamtwerkes. Aber sein ungewöhnliches Spätwerk *Fragmente einer Sprache der Liebe* fand in einer breiteren Leseöffentlichkeit anhaltenden Anklang.

Obwohl Roland Barthes sich in seinem Selbstverständnis sehr stark der abendländischen Philosophie verpflichtet fühlte und besonders durch eine intensive Nietzsche-Lektüre stark beeinflußt wurde, zog er sich in der deutschen Fachphilosophie das – nach Adorno – für einen Philosophen tödliche Urteil eines bemerkenswerten Schriftstellers zu. Da er nicht weiter beachtet wurde, fanden seine Werke nicht einmal in Fachbibliotheken einen Stammplatz.

Natürlich wirkt hier immer noch, von den mangelnden Sprachkenntnissen einmal abgesehen, eine jahrzehntelange Animosität gegen die Franzosen nach, insbesondere das fehlende Verständnis für die eher narrativen Formen des französischen Ausdrucks, die bei uns mit dem Verdikt der kategorialen Unschärfe belegt werden. Höchst verdächtig ist zudem ein Denker, der sich leidenschaftlich als Pianist und Komponist der Musik hingab und, angeregt durch die Freundschaft mit Cy Twombly, selbst zum Malen fand.

Ein Porträt von Roland Barthes? Wie alles in ein Bild zeichnen? Wo sich doch nicht nur die Gelehrten streiten, in welche Schublade dieser Mann denn nun zu stecken sei: Semiologe, Soziologe, Philosoph, Kritiker, Literat, Strukturalist, Linguist, Pianist, Zeichner, Komponist.

Was ist das für eine Person, die sich selbst am 17. Januar 1977, bei der Antrittsvorlesung *(Leçon)* am berühmten Collège de France, als »unsicheres Subjekt« (»sujet incertain«) charakterisiert und dem Auditorium die professorale Tätigkeit als »sein Forschen laut zu träumen« ausmalt?[1] Was für ein Leben führte er?

Geboren am 12. November 1915 als Kind des Fähnrichs zur See Louis Barthes und seiner Frau Henriette Binger, verliert er – ähnlich wie Sartre übrigens – gleich im Jahr darauf den Vater, der bei einer Seeschlacht in der Nordsee ums Leben kommt. Seine Kindheit verbringt Roland Barthes in Bayonne. 1924 erfolgt der Umzug nach Paris. Von nun an ist er nur noch in den Schulferien in Bayonne bei seinen Großeltern. In *Über mich selbst* schreibt Barthes über seine Kindheit: »An der Vergangenheit fasziniert mich am meisten meine Kindheit; sie allein gibt mir, wenn ich sie betrachte, nicht das Bedauern über die entschwundene Zeit. Denn nicht das Irreversible entdeckte ich in mir, sondern das Nichtzureduzierende; alles, was noch in mir ist und Zugang hat; im Kind lese ich offenen Körpers die schwarze Kehrseite meiner selbst, die Langeweile, die Verletzbarkeit, die Fähigkeit zu Verzweiflungen (zum Glück sind sie plural), die innere Gemütserregung, die zu ihrem Unglück von allem Ausdruck abgeschnitten ist.«[2]

So hat er zwei ortsbestimmte Körper: »Einen Pariser Körper (rege, ermattet) und einen ländlichen Körper (ausgeruht, schwer).« Auch sein Leben (vgl. Zeittafel am Ende des Buches) scheint Barthes in zwei disparaten Dimensionen wahrgenommen zu haben: Der erfolgreichen beruflichen Karriere steht eine seltsame Melancholie der Gefühle, eine starke Empfindung für die Vergeblichkeit allen Schreibens gegenüber. Offen gesteht Barthes das prekäre Verhältnis von Leben und Werk ein, macht es zum Thema: »Ein Leben: Studien, Krankheiten, Ernennungen. Und alles andere? Begegnungen, Freundschaften, Liebschaften, Reisen, Lektüren, Vergnügungen, Ängste, Überzeugungen, Genüsse, Glücksempfindungen, Empörungen, Nöte: mit einem Wort: Auswirkungen? – Im Text – aber nicht im Werk.«[3]

Was ihn zeitlebens beeindruckte, war das Theater. Schon als Schüler spielte er in einer Theatergruppe mit. Eine seiner Lieblingsrollen war Dareios. Seine Diplomarbeit schrieb er über die griechische Tragödie.

In den *Essais critique* wird Barthes' Auseinandersetzung mit dem Theater, vor allem dem avantgardistischen Theater, deutlich. Sich mit dem Theater zu befassen ist identisch mit: sich mit Brecht befassen. Die Auseinandersetzung mit Brecht läßt sich durch das ganze Werk von Barthes verfolgen. Kein Text, keine Schrift von ihm, in der Brechts Name nicht fällt. In den *Essais critique* sind seine Arbeiten über Brecht, die anläßlich von Aufführungen des »Berliner Ensembles« in Paris entstanden, zusammengefaßt. Was ihn an Brecht vor allem anderen bewegte, war dessen Ästhetik der Lust. Dem »späten« Brecht ging es darum, nicht nur eine Schauspiel-, sondern auch eine »Zuschauerkunst«

zu entwickeln, damit ein »lustvolles Lernen, fröhliches und kämpferisches Lernen« möglich wird.

Standen für Barthes in seiner mittleren Entwicklungsphase, als er an die Semiologie als Möglichkeit linguistischer Wissenschaft glaubte, de Saussure, R. Jakobson und der dänische Sprachforscher Hjelmslev im Vordergrund (nachzulesen in *Elemente der Semiologie)*, nahmen zuvor – für den Barthes der *Mythologies*, der *Mythen des Alltags* – eher Gide, Marx und Brecht deren Stelle ein. Barthes erkannte, daß, wenn die Semiologie als Wissenschaft lebendig bleiben und nicht zur »Doxa«, zur Lehre erstarren wollte, die Erkenntnisse der Soziologie, der Philosophie und der Psychoanalyse im Sinne Lacans in die Analyse von Texten einbezogen werden müßten.

Barthes selbst hat verschiedentlich eine Dreiteilung seiner Entwicklung und seines Werks nahegelegt, z. B. in *Das semiologische Abenteuer*, wo es heißt:

»1. Der erste Abschnitt war einer der Faszination. Seit meinem ersten Buch *Am Nullpunkt der Literatur* galt meine Arbeit ständig der Sprache oder genauer, dem *Diskurs*. 1956 hatte ich eine Art mythisches Material der Konsumgesellschaft zusammengetragen und unter dem Titel *Mythen des Alltags* Nadeaus Zeitschrift *Les Lettres Nouvelles* überlassen; damals las ich zum ersten Mal Saussure, und war nach beendeter Lektüre begeistert von dieser Hoffnung: Der Verurteilung der kleinbürgerlichen Mythen, die immer nur proklamiert wurde, endlich ein Mittel zur wissenschaftlichen Entwicklung zu verschaffen; dieses Mittel war die Semiologie oder die subtile Analyse der Sinnprozesse, mit deren Hilfe die Bourgeoisie ihre historische Klassenkultur in universelle Natur verwandelte [...].«

Weiter heißt es dann im gleichen Text zur zweiten Phase:

»2. Der zweite Abschnitt war der der Wissenschaft, oder zumindest der Wissenschaftlichkeit. Von 1957 bis 1963 arbeitete ich an der semiologischen Analyse eines im hohen Grade signifikanten Gegenstandes, der modischen Kleidung. Das Ziel dieser Arbeit war sehr persönlich, asketisch [...]. Es handelte sich darum, die Grammatik einer bekannten, aber bisher noch nicht analysierten Sprache zu erarbeiten [...]. Dominierend war für mich in dieser Periode meiner Arbeit, glaube ich, weniger die geplante Begründung der Semiologie als Wissenschaft, als vielmehr die Lust, eine *Systematik* zu erproben [...] ich bastelte [...] Systeme, Spiele: Bücher geschrieben habe ich nur aus *Lust*. Die Lust am System ersetzte bei mir das Über-Ich der Wissenschaft. Darin kündigte sich bereits der dritte Abschnitt dieses Abenteuers an: der gleichgültigen (adiaphorischen, hieß es bei Nietzsche) Wissenschaft gegenüber gleichgültig, drang ich in den Signifikanten ein, in den Text.«

Barthes markiert dann auch selbst den Übergang zur dritten Entwicklungsphase, bevor er diese charakterisiert:

»3. Der dritte Abschnitt ist dann der des Textes [...] die Instanz des Textes ist nicht die Bedeutung, sondern der Signifikant in der semiotischen und psychoanalytischen Verwendung dieses Terminus; der Text geht über das frühere literarische Werk hinaus; es gibt zum Beispiel einen Text des Lebens, in den ich durch das Schreiben über Japan Eingang zu finden suchte.«

Und alle drei Epochen noch einmal zusammenfassend und neu politisch akzentuierend, sagt er dann abschließend:

»Die Semiologie muß nicht mehr bloß, wie zur Zeit der *Mythen des Alltags*, gegen das kleinbürgerliche gute Gewissen ankämpfen, sondern gegen das symbolische und semantische System unserer Zivilisation insgesamt; Inhalte ändern zu wollen, ist zu wenig, vor allem gilt es, in das System des Sinns selbst *Risse zu schlagen*: herauszukommen aus dem abendländischen Gehege, wie ich es in meinem Text über Japan postulierte.«[4]

Da im weiteren Verlauf dieser Arbeit von den hier nach Barthes skizzierten ersten beiden Phasen, in denen der strukturale Diskurs und die Semiologie als Wissenschaft Hauptgegenstände seines Interesses waren, nur noch rückverweisend die Rede sein kann, weil der Signifikant in der semiotischen und psychoanalytischen Verwendung ins Zentrum rückt, möchte ich an dieser Stelle nach einer Einführung in die *Mythen des Alltags* Barthes' Arbeit am Mythos bzw. seine strukturalen Analysen »semiotischen Materials« anhand von drei exemplarischen Beispielen veranschaulichen. Ich beginne mit seiner Auseinandersetzung mit einer Photoausstellung (1. Beispiel, *Mythen des Alltags*), fahre dann fort mit seiner Analyse eines Werbeplakats (2. Beispiel, *Rhétorique de l'image*) und schließe mit der ehrgeizigen Studie über *Die Sprache der Mode* (3. Beispiel, *Système de la mode*).

In seinem Essay *Textanalyse einer Erzählung von Edgar Allan Poe* charakterisiert Barthes seine Vorgehensweise sehr sprechend so:

»Wir werden die Zufahrtsstraßen des Sinns ermitteln. Unser Ziel ist nicht die Auffindung *des* Sinns, ja nicht einmal *eines* Sinns des Textes, und unsere Arbeit gleicht nicht einer Literaturkritik hermeneutischen Typs (die den Text auf eine Wahrheit hin interpretiert, die sie in ihm verborgen glaubt), wie es zum Beispiel die marxistische Kritik oder die psychoanalytische Kritik sind. Unser Ziel besteht darin, den Plural des Textes, die Offenheit seiner Signifikanz denken, vorstellen und erleben zu können. Diese Arbeit beschränkt sich also, wie man spürt, nicht auf den universitären Umgang mit einem Text (und wäre er auch offen methodologisch), ja nicht einmal auf die Literatur im allgemeinen; sie rührt an eine Theorie, und eine Praxis, eine Entscheidung, die in den Kampf der Menschen und Zeichen einbezogen ist.«[5]

Mythen des Alltags

In dieser frühen Schrift, einer Sammlung von Essays, klingen schon die wichtigsten Themen von Barthes an: Kritik an Kritikern, die tautologische Urteile fällen[6]; Essays über die Photographie, in denen zwanzig Jahre vor *La chambre claire* eine Phänomenologie[7] einzelner photographischer Beispiele geschaffen wird. Vor allem aber spricht er über das Theater und die Avantgarde, die im Hinblick auf das Theater als Pseudonatur entlarvt wird, da es den Kriterien des Brechtschen Theaters und dessen Ästhetik nicht Rechnung trägt, also weder ideologiekritisch noch semiologisch arbeitet und somit keine kritische Katharsis erzielt.[8]

Subtil werden die vielfältigen Mythen des »Bourgeois« und des Kleinbürgers aufgespürt. Das »Franzosentum« zeigt sich in den Nationalgerichten Pommes frites und Steak[9]; die Themen des »Guide Bleu«[10], aus der Romantik stammend, erschöpfen sich in der Anpreisung von Gletschern, Bergen, Flüssen und Wasserfällen, wobei das Plateau und die Ebene ausgespart bleiben. Der Teil über das spanische Baskenland läßt keine der bedeutenden Kirchen aus, verliert aber kein Wort über Guernica. Der Mythos entpolitisiert – Genießen ist erlaubt. Die ewigen Berge mit ihrem ewigen Schnee sind ein Inbegriff ewiger, unveränderbarer Normen und Werte.

In *Über mich selbst*[11] weist Barthes später darauf hin, daß die Auseinandersetzung mit der Marxschen Philosophie und mit der Ästhetik Brechts für ihn nach der Beschäftigung mit de Saussure, Jakobson und anderen Zeichentheoretikern wichtig wurde. Zur Semiologie gesellte sich also noch ein weiterer Diskurs: die Soziologie. In allen drei Essays der *Mythen des Alltags* spricht Barthes als Ideologiekritiker, es dominiert die Arbeit an der Entlarvung der Mythen.

Wenn auch die einzelnen Beiträge meist aus aktuellen Anlässen knapp und pointiert abgefaßt wurden, verbindet sie dennoch, als roter Faden, die Kritik an den bestehenden Verhältnissen der bürgerlichen Gesellschaft. Bestechend dabei ist, wie in Barthes' Blick gerade die »kleinen« Dinge des Alltags ins Licht rücken: »Plastik«[12], »Beefsteak und Pommes frites«, »Der neue Citroën«[13].

Barthes hat die Doppelseitigkeit des Mythos herausgearbeitet, der aus einer Objektsprache und einer Metasprache besteht. Er bemächtigt sich eines semiologischen Systems, das Bedeutetes und Bedeutendes, das Zeichen und seine Bedeutung produziert. Bei näherer Betrachtung erkennt man, daß dieses »erste System« Bedeutung, Sinn, Geschichte hat, erfüllt ist; da der Sinn im Mythos Form wird, wird er leer, die Geschichte verflüchtigt sich.

Der Mythos deformiert, er verwandelt Geschichte in Natur. So entstehen die »ewigen« Werte, die nicht erklärt werden müssen. Der Bourgeois, der im Reichtum lebt, muß sich nie fragen, nie erklären. Er will, daß alles so bleibt, und zieht aus den Mythen diese Bestätigung. Ihm steht der Sinn nicht nach Veränderung. In seiner Liberalität ist es ihm nicht mehr fremd, Freuds Thesen über die kindliche Sexualität zu akzeptieren oder sich die neuesten Bilder der Avantgarde zu kaufen. Die Avantgarde hat es nach Barthes auch immer versäumt, den Bourgeois in seiner wirklichen »Entnennung« bloßzustellen. Der einzelne wird lediglich in seiner entfremdeten Welt geschildert; die Moral des Bürgers und sein eingeschränktes Bild von Kunst werden kritisiert. Aber der Bourgeois als Bourgeois, in seiner politischen Funktion, wird nicht thematisiert, weil die betroffenen Künstler entweder selbst aus dieser Klasse stammen oder doch zumindest von ihr finanziert werden. Der Kleinbürger hingegen ist nicht in der Lage, sich den »anderen« vorzustellen.[14] Nach Gorki zieht er sich selbst vor. Er kann sich nicht identifizieren, der andere wird, da er nicht verglichen werden kann (Motiv der Waage), an den Rand gedrängt. Ist eines Menschen Hautfarbe schwarz, bleibt als Rettung die Exotik. Der Kleinbürger neigt deshalb im Gegensatz zum Bourgeois zum Faschismus; der Bourgeois hält und trägt ihn.

Gibt es widerständige Sprachen, oder werden sie ausnahmslos

vom Mythos absorbiert?[15] Die Poesie, würde man glauben, sei eine solche Sprache, die der Vereinnahmung durch den Mythos widersteht, geht es ihr doch darum, den Dingen so nah wie möglich zu sein, Essenzen zu schaffen, ja eine Antisprache auszubilden. Doch gerade eine widerständige Sprache wie die Poesie fällt dem Mythos leicht in die Hände. »Die augenscheinliche Unordnung der Zeichen, poetische Seite einer essentiellen Ordnung, wird vom Mythos eingefangen und in ein leeres Bedeutendes verwandelt, das dazu dient, die Poesie zu *bedeuten*.«[16] Das ist gemeint, wenn Barthes vom Mythos als »gestohlener Sprache«[17] spricht.

Nur eine einzige Sprache kann vom Mythos nicht gestohlen werden, nämlich diejenige, die gleichzeitig in einem Akt aufgehoben ist. Der Holzfäller, der auf den Baum zeigt, den es als nächsten zu fällen gilt, spricht nicht in einer Metasprache über diesen Baum (wie wir, die in einem Wald etwa vor einer Eiche stehenbleiben und über sie sprechen). Der Baum ist Bestandteil seiner nächsten Umgebung in seiner Arbeit und Lebenspraxis. Vergleichbar mit der Widerständigkeit der Sprache des Holzfällers ist jene Sprache der Unterdrückten. Sie haben nur eine Sprache. Sie sind aufgrund ihrer Klassenzugehörigkeit einer Metasprache nicht fähig. Der Verbraucher von Mythen faßt dieses System als System von Fakten auf, wobei jedes semiologische System auch eines von Werten ist. Dieses »Natürlichmachen« des Begriffs, das Barthes als die wesentliche Seite des Mythos betrachtet, suggeriert die Unschuld des Mythos, gibt scheinbar ein natürliches Bild des Realen wieder. Der Mythos stellt fest und erklärt nichts.

So wird evident, daß es letztlich keinen »linken« Mythos gibt. Vielmehr gilt der Satz: »Statistisch gesehen, ist der Mythos rechts«[18]. Was wir tun, ist dies: »[...] wir gleiten unaufhörlich zwischen dem Objekt und seiner Entmystifizierung hin und her, unfähig, seine Totalität wiederzugeben«[19]. Was wir tun müssen, ist jenes: »was wir suchen müssen: eine Aussöhnung des Wirklichen und der Menschen«[20]. An den ersten beiden der o.g. Beispiele soll diese These nun exemplarisch verdeutlicht werden:

1. Beispiel: »Die große Familie der Menschen«[21]

»Der Mythos von der *conditio humana* stützt sich auf eine sehr alte Mystifikation, die seit jeher darin besteht, auf den Grund der Geschichte die Natur zu setzen.«[22]

Was das heißt, veranschaulicht Barthes an der großen Photoausstellung »The Family of Man«, die aus den USA importiert wurde und vor Jahren in mehreren europäischen Städten zu sehen war. An der Ausstellung läßt sich ablesen, wie der Mythos in zwei Zeiten funktioniert. Zum einen werden die Unterschiede der Menschen auf der Welt betont, die Vielfalt ihrer Lebensweisen und Gebräuche, zum anderen wird aus diesem Pluralismus alles zu einer wesensgleichen Einheit verschmolzen: Geburt, Tod, Arbeit, Wissen, Spiel verlangen überall das gleiche Verhalten; es gibt eine Familie der Menschen.[23] Es wird damit auf eine dahinterliegende, identische »Natur« verwiesen, auf eine allgemein menschliche Essenz, die nur durch einen starken Willen, den Gottes nämlich, zu erklären ist.

Die Texte, die die Ausstellung begleiten, unterstreichen die spiritualistische Absicht. Die Unveränderbarkeit der menschlichen Existenz, ihr blindes Unterworfensein unter diese bestimmenden Größen wie Geburt und Tod werden durch Texte, die ewige Weisheiten aussprechen, wie »Die Erde ist eine Mutter, die niemals vergeht«, »Iß Brot und Salz und sprich die Wahrheit ...«, auf unerträgliche Weise verdoppelt. Hier wie auch in *Rhétorique de l'image* wird wiederum deutlich, in welcher signifikanten Machart der Text mit dem Bild verknotet ist: Die Lesart des Textes bestimmt auch die des Bildes.

Für Barthes wird das Scheitern der Photographie deutlich, da sie den Tod oder die Geburt nur noch einmal sagt und sich somit jeder Geschichte entzieht. Und exakt darin liegt nun die wesentliche Funktion des Mythos: Er leugnet das Geschichtliche und verwandelt das Gesellschaftliche, das eigentlich geschichtlich bestimmt ist, in eine Naturtatsache. Barthes bezeichnet hier schon, wie später in *La chambre claire*[24], die Funktionsweise des Mythos als eine tautologische.

Die Photographien der Ausstellung sprechen z.B. nicht von den wirklichen Bedingungen, von den zumeist katastrophalen Verhältnissen, in die Kinder in den Ländern der sog. dritten Welt hineingeboren werden. Sie sprechen nicht davon, daß sie von Sterblichkeit betroffen oder sonst von jeder Zukunftsperspektive abgeschnitten sind.

Wie Geburt und Tod wird auch die Arbeit unter die großen universalen Fakten eingereiht, »als ob es sich ganz natürlich um ein und dieselbe Ordnung der Schicksalhaftigkeit handelte«[25]. Auch in diesem Zusammenhang wird nicht von der entfremdeten Arbeit gesprochen, die der geschichtlichen Veränderung unterworfen ist. Bleibt es einzig bei der Apostrophierung der Schicksalhaftigkeit als hinzunehmender Größe, wird jeder Gedanke an Veränderung aus diesen scheinbar unumstößlichen Verhältnissen verbannt.

So funktioniert der Mythos, beispielhaft an Photographien dieser Ausstellung angesprochen, als stabilisierende Kraft zur Festschreibung sozialen Unrechtes und sozialer Ungleichheit: »Ich befürchte deshalb, daß die Rechtfertigung dieses ganzen Adamismus darauf hinausläuft, für die Unveränderbarkeit der Welt die Bürgschaft einer ›Weisheit‹ und einer ›Lyrik‹ zu liefern, durch die die Gebärden des Menschen nur verewigt werden, um sie leichter zu entschärfen.«[26]

2. Beispiel: »Rhétorique de l'image«.

Eine besondere Spezies des Bildes, nämlich das Reklamebild, wird von Roland Barthes in *Rhétorique de l'image*[27] untersucht. Ausgehend von den Fragen, wie ein Bild seinen Sinn erklärt, wo dieser endet und wenn, was hinter diesem Ende kommt, soll es einer spektralen Analyse von Botschaften unterworfen werden, die es enthalten kann bzw. enthält.

Drei Botschaften liefert ein Reklamebild: eine linguistische Nachricht, eine kodierte ikonische (symbolische) und eine nicht kodierte ikonische (buchstäbliche). Am Beispiel einer Panzani-Reklame, die als Anzeige in einer Illustrierten erschien, entfaltet Barthes seine Analyse.

»Spaghettipäckchen, eine Dose, ein Beutel Tomaten, Zwiebeln, Paprika, ein Champignon – das ganze in gelber und grüner Farbe auf rotem Grund, fällt aus einem halboffenen Netz.«[28]

Als erstes wird die linguistische Nachricht festgestellt. In französischer Sprache sind die Etiketten der Lebensmittel beschriftet, ebenso die Unterschrift des Bildes. Das Zeichen Panzani verweist wegen seines Klanges noch auf ein weiteres Signifikat, das »Italienische«: Die linguistische Nachricht ist hier Denotation und Konnotation zugleich.

Für die zweite Nachricht sind folgende vier diskontinuierliche Zeichen, die ein Ganzes bilden, konstitutiv: Das erste, die Ausbeute eines Markteinkaufs, ein Signifikat, das auf die Frische der Produkte verweist, dessen Signifikant das halb geöffnete Netz bildet, aus dem die Waren – wie nach einem Fischfang – fallen; das zweite Zeichen strukturiert sich durch seine Signifikanten in der Vereinigung von Tomaten und Paprika mit den Farben Grün, Gelb und Rot, d.h., sein Signifikat ist Italien (Signifikat »de la teinte tricolore«)[29]. Das dritte Zeichen vermittelt die Vorstellung eines perfekten Menüs, wobei die Gleichwertigkeit der Dosen mit den Frischprodukten unterstellt wird; durch die Art der Komposition verweist sie viertens auf ein ästhetisches Signifikat, nämlich auf Darstellungen der Malerei, »nature morte« oder Stilleben. Dabei wird deutlich: Um die Zeichen der zweiten, der ikonischen Nachricht lesen zu können, ist ein allgemeines kulturelles Wissen erforderlich.

Ganz im Gegensatz zur zweiten, ikonisch kodierten Nachricht, bei der wir über ein umfassendes kulturelles Wissen verfügen können müssen, um die Zeichen »richtig« zu verstehen, reichen zur Entzifferung der dritten, der »buchstäblichen« Nachricht, die von unserer wissenden Wahrnehmung gelieferten Informationen aus. Dabei handelt es sich um ein Wissen, das in der Lage ist, ein Netz von einem Spaghettipäckchen und dieses wiederum von einer Tomate zu unterscheiden, um ein Wissen, das überhaupt erkennen kann, was ein Bild ist und was nicht. Die dritte Nachricht ist deshalb eine »buchstäbliche«, nicht kodierte ikonische, weil bei der Photographie Signifikat und Signifikant quasi tautologisch sind: Die Signifikate werden durch die realen Gegenstände, die Signifikanten durch die photographierten der Szene gebildet. Wie später in *La chambre claire* betont Barthes auch hier bereits die Quasi-Identität: »Ohne Zweifel impliziert die Photographie ein gewisses Herrichten der Szene (Umrahmung, Beschränkung, Einebnung), aber dieser Übergang ist keine Transformation (wie es eine Kodierung sein kann).«[30] So erscheint die »buchstäbliche« Nachricht als Träger der symbolischen – oder: das buchstäbliche Bild ist denotiert und das symbolische konnotiert.

Zunächst aber noch einige weitere Bemerkungen zur linguistischen Nachricht: Sie ist im Zeitalter der Massenkommunikation nicht wegzudenken. Überall ist sie präsent, sei es in Bildunterschriften oder auf Plakaten, sei es in Zeitungsartikeln und Pressemeldungen. Welche Funktionen hat nun die linguistische Nachricht in bezug auf die beiden ikonischen? Barthes stellt folgende zwei Funktionen heraus: die der Verankerung (»d'ancrage«) und die der Verbindung (»de relais«).[31] Die linguistische Nachricht hat die Aufgabe, die frei flottierende Signifikantenkette zu bannen, den Schrecken der vagen Zeichen – seien es Photographien oder traumatische Bilder im Kinofilm – zu bekämpfen. Die linguistische Nachricht antwortet auf die Frage: Was ist das? Sie liefert eine denotierte Beschreibung des Bildes, hilft auf eine einfache und klare Weise, die Elemente der Szene und sich selbst zu identifizieren, vollzieht durch den Rekurs auf eine Nomenklatur die Verankerung aller möglichen Sinne. »Au niveau du message ›symbolique‹, le message linguistique guide non plus l'identification, mais l'interprétation, il constitue une sorte d'étau qui empêche le sens connoté de proliférer soi vers de régions trop individuelles (c'est-à-dire qu'il limite le pouvoir projectif de l'image).«[32]

Das meint Barthes auch, wenn er in *La chambre claire* von gefährlichen, verrückten Photos spricht, die zum Nachdenken anregen, indem sie politisch wirken.[33] Die wichtigste Funktion der Verankerung ist also eine ideologische: Sie dirigiert den Leser durch die Signifikanten des Bildes und veranlaßt, welche davon wahrzunehmen sind und welche nicht. Sie übt eine Kontrollfunktion aus. Der Text hat somit einen repressiven Wert. »L'ancrage est la fonction la plus fréquente du message linguistique.«[34]

Die Funktion der Verbindung (»relais«) trifft man selten; man findet sie vor allem bei humoristischen Zeichnungen und Bilderstrips. Hier ergänzen einander das Wort, meist ein Stück aus einem Dialog, und das Bild. Dabei bilden die Wörter Fragmente eines allgemeinen Syntagmas, eines umfassenden Niveaus, wie das einer Geschichte oder Erzählung. Dieser Wortbezug wird vor allem im Kino wichtig, wenn der Dialog keine einfache, erklärende Funktion hat, sondern die Handlung vorantreibt und die Bedeutungen im Gefolge der Nachrichten sich nicht im Bild erkennen lassen.

Durch ihre absolute analogische Natur und das Paradoxon einer »Nachricht ohne Code« verstärkt die Photographie den utopischen Charakter der Denotation. Von allen Bildern besitzt als einziges die Photographie die Macht, (buchstäbliche) Information zu transportieren, ohne dabei die diskontinuierlichen Zeichen den Regeln der Transformation zu unterwerfen. Das macht den Unterschied zur Zeichnung aus, die selbst denotiert, eine kodierte Nachricht liefert. Die »Moral« der Zeichnung ist nicht diejenige der Photographie: »Ce n'est plus le rapport d'une natur et d'une culture (comme dans le cas de la photographie).«[35] In der Photographie ist die Beziehung zwischen Signifikat und Signifikant nicht als Transformation charakterisiert, sondern als eine Art Registratur (»enregistrement«), wobei die Dekodierung den Mythos des photographischen »Natürlichen« verstärkt. Über das Natürlichmachen, eine wesentliche Funktion des Mythos, wie sie Barthes in *Mythen des Alltags*[36] beschreibt, wurde beim ersten Beispiel schon ausführlich gesprochen. Einige präzisierende Zusätze scheinen mir dennoch erforderlich.

So bleibt, um auf das Beispiel der Panzani-Reklame zurückzukommen, der Eindruck eines natürlichen »Daseins« der Objekte in dem Maße erhalten, in dem die buchstäbliche Nachricht ausreicht: Die Natur scheint auf frontale Weise die dargestellte Szene zu schaffen. Oder anders formuliert: Das denotierte Bild naturalisiert die symbolische Nachricht, es entsteht eine Pseudowahrheit. Durch die Abwesenheit des Codes sieht es so aus, als ob »in natura« die Zeichen der Kultur sich bildeten. Darin sieht Barthes ein historisches Paradoxon: »Plus la technique développe la diffusion des informations (et notamment des images), plus elle fournit les moyens de masquer le sens construit sous l'apparence du sens donné.«[37]

Im letzten Teil der Untersuchung über die »Rhetorik des Bildes« wird die Beziehung der symbolischen zur »buchstäblichen« Nachricht so formuliert: Die unzusammenhängende Welt der Symbole, erratischen Blöcken gleich, aktualisiert sich im Syntagma der Denotation, »taucht in die Geschichtlichkeit der denotierten Szene wie in ein Reinigungsbad«[38]. Die Welt der Bedeutung fällt auseinander in das »System als Kultur und das Syntagma als Natur«.

Da wir nicht nur in der Presse auf die gleichen Signifikate treffen, sondern auch im Bild oder in der Gestik des Schauspielers zum Beispiel, versteht sich die Semiologie als eine Wissenschaft, die auch nur in einem umfassenden Rahmen zu verstehen ist. »[...] dieses gemeinsame Gebiet der Konnotationssignifikate ist das der Ideologie, die nur für eine bestimmte gegebene Gesellschaft und Geschichte einmalig sein kann.«[39]

Was bei der Lektüre von *Mythen des Alltags* besticht, ist die Vereinigung zweier bisher disparater Diskurse: des wissenschaftlich-analysierenden und des experimentierend-essayistischen. Für Barthes gibt es keine Hierarchien; unter dem Aspekt der ideologischen Kraft des Mythos, seiner Entpolitisierung und »Entnennung«, wird das Wirkungsfeld breit ausgelegt. Auf der gleichen Ebene, auf der in »Racine ist Racine« der Mythos in der Literatur neben jenen des »Guide Bleu« gestellt wird, wird das Franzosentum in »Beefsteak und Pommes frites« oder in »Der neue Citroën« aufgespürt, »Das Gesicht der Garbo« als Idee genannt.

3. Beispiel: »Die Sprache der Mode«

In *Système de la mode*[40] analysierte Barthes für ihn erstmalig – wie auch, aufs Ganze seines Werkes gesehen, einmalig – ausführlich ein ganzes gesellschaftliches Teilsystem, nämlich das der

Mode. Es versteht sich fast von selbst, daß Barthes hier wiederum in ebenso origineller wie eingegrenzter Weise vorgeht. Als Analysematerial dienen ihm die Ausgaben von zwei Modezeitschriften der Jahre 1958/59. Die Schwierigkeiten bei der Durchführung des Projekts ergeben sich aus der Fülle und Komplexität eines solchen Systems. So stellt sich das Modesystem als ein System von Systemen dar, das mindestens fünf Untersysteme umgreift:

1. die reale, getragene Mode;
2. die beschriebene Mode;
3. der Bezug der getragenen Mode zur jeweiligen gesellschaftlichen Situation (z. B. Kleidung für den Theaterbesuch, für den Hausgebrauch usw.);
4. das unbewußte, durch die Werbung mitgelieferte Weltbild, die ideologische Aufbereitung (wie z. B. Eleganz, Natürlichkeit, Weiblichkeit, Jugendlichkeit), die sich als rhetorisches, konnotiertes Mode-Untersystem beschreiben läßt;
5. ein globales Signifikat »Mode«, welches die gerade getragene oder beschriebene Mode als Teil der aktuell »gültigen« und »obligatorischen« Mode prägt.

Wie in den bereits vorgestellten *Mythen des Alltags*, setzt Barthes auch bei diesem weiteren Projekt die verschiedenen Untersystem-Ebenen nach dem Schema Signifikant/Signifikat zueinander in Beziehung. Aber erst mit den unterscheidenden Definitionen der Konnotationssprache und Metasprache von Hjelmslev gelingt es ihm, eine beliebige Anzahl von Ebenen aufeinander zu beziehen.

– Von »Metasprache« ist dann zu reden, um es in diesem Kontext noch einmal zu wiederholen, wenn ein Zeichen eines ersten Systems zum Signifikat eines zweiten Systems wird. Ein anschauliches Beispiel wird das Gemeinte verdeutlichen: Das als das »kleine Schwarze« bezeichnete Kleidungsstück, das z. B. bei halboffiziellen Einladungen getragen wird, bedeutet auf einer ersten Ebene soviel wie festlicher Anlaß, auf der zweiten Ebene jedoch das Signifikat für eine sprachliche Formulierung in der Modezeitschrift.

– Die Konstruktion der »Konnotationssprache« ist sehr ähnlich: Ein Zeichen des ersten Systems (ein schwarzes Kleid, das einen festlichen Anlaß bedeutet) wird zum Signifikanten des zweiten Systems, dessen Signifikat die Modeideologie oder Moderhetorik bildet.

Dieses von Barthes mit viel Eifer und Zeitaufwand verfaßte Buch über die Mode verlockt – u.a. wegen des bemühten Bestrebens nach Vollständigkeit – nicht zur durchgängigen Lektüre. Das rührt auch daher, daß die verschiedenen Konnotationsebenen, beispielsweise der Unterschied zwischen Modezeitschrift und Modewirklichkeit, das der Modeideologie zugrundegelegte »Wunschbild« vom weiblichen Körper, Unterschiede in den Kleidungsgewohnheiten von Angehörigen verschiedener sozialer Schichten bzw. in ihrer Unterwerfung unter das Modediktat, nur angedeutet werden. Für Barthes' eigenen Entwicklungsgang bringt die Beschäftigung mit dem Modesystem allerdings ein wichtiges Resultat: Das Postulat von de Saussure, nach dem die Linguistik in der Semiologie enthalten sei, muß umgekehrt werden. In der westlichen Gesellschaft, so Barthes' Erkenntnis, haben die Zeichen, Mythen und Riten Vernunftgestalt angenommen, d.h., sie besitzen letztlich die Gestalt einer Sprache. Mit dieser neuen Einsicht in die sprachliche Verfaßtheit aller Zeichen verliert die Semiologie ihren besonderen Reiz für Barthes. Er kehrt belehrt zurück zu Sprache, Literatur und Kunst. Nicht um das bisher Bedachte zu verwerfen, sondern um sich auf seiner Folie künftig freier, und das heißt für ihn individuell kreativer, zu bewegen. Wo es zum Verständnis sinnvoll erscheint, wird bei gegebener Gelegenheit das erworbene semiologische Rüstzeug durchaus zur Interpretation genutzt.

Barthes' eigenwillig abschweifende Denkwege machen es schwierig, wenn nicht geradezu unmöglich, sein Œuvre zu klassifizieren. Immer wieder kann man auffällige Zäsuren in seinem Werk feststellen. Deutlich wird z.B. eine Linie, die eingeleitet wird mit dem *Reich der Zeichen*, seinem feinsinnigen Buch über Japan, sich in *Sade – Fourier – Loyola* fortsetzt und in der *Lust am Text* gipfelt. In der *Lust am Text* wird aber zugleich Barthes' neues »Programm«, eine Ästhetik der Textlust, sichtbar. Subtil spürt er Texte auf, die Lust/Wollust in seinem erotischen Körper der Lust/Wollust erregen. In kurzen Fragmenten, Aphorismen, versucht er, von seiner Lust zu sprechen. Dies ist nur in Bruchstücken, Abschweifungen möglich, denn um die Lust läßt sich nur kreisen. In der *Lust am Text* heißt es etwa: »Text der Lust: der befriedigt, erfüllt, Euphorie erregt; der von der Kultur herkommt, nicht mit ihr bricht, an eine *behagliche* Praxis der Lektüre gebunden ist. Text der Wollust: der in den Zustand des Sichverlierens versetzt, der Unbehagen erregt.«[41]

Was wäre das Thema einer Ästhetik der Textlust? Es geht ihm um eine Verknüpfung von Körper und Sprache, nicht von Sinn und Sprache, es geht ihm um »die mit Haut bedeckte Sprache«, die Rauheit der Kehle, die Patina der Konsonanten. In *Über mich selbst* fragt sich Barthes, ob es in seiner Lexik nicht ein Wort, ein Mana-Wort gibt, »dessen brennende, vielgestaltige, nicht zu fassende und gleichsam sakrale Bedeutung die Illusion nährt, daß man mit diesem Wort auf alles antworten kann?« Er fährt dann fort, daß dieses Wort allmählich erst erschienen ist, lange Zeit verdeckt war, sich dann aber entfaltet. »[...] dieses Mana-Wort ist das Wort ›Körper‹.«[42]

Die Kategorie des Körpers ist aber nicht nur für Barthes' späte Schriften bestimmend. Ein Blick zurück ins Jahr 1954, als sein zweites Buch *Michelet (Michelet par luimême)* nach *Am Nullpunkt der Literatur* erschien, zeigt das in aller Deutlichkeit. Schon hier können wir einen Barthes entdecken, der sich halb-semiologisch und schon halb-psychoanalytisch – Barthes nennt die Synthese »semanalytisch«, im Anschluß an Julia Kristeva – dem bedeutenden französischen »Sachbuchautor«, Historiker und Romancier Michelet und dessen Werken nähert. Er liest Michelet nicht linear, sondern rekonstruiert den Text vor allem von der verbalen Konstanz der Themen Michelets als Geschichtsfresser (er »weidet« in der Geschichte) aus auf ihn interessierende Schwerpunkte: die Beziehung Michelets zur Frau, zu ihrem Körper, die Bedeutung des Todes. Barthes sieht die Moral Michelets keineswegs als rhetorische, sondern als eine Moral des Körpers: »[...] über die Geschichte wird vor dem Gericht des Fleisches geurteilt: über das Gute wird aufgrund seiner glatten, flüssigen, rhythmischen Natur geurteilt, über das Böse aufgrund seiner Trockenheit und seiner Diskontinuität.«[43]

Und doch läßt sich eine Entwicklung von Barthes verfolgen, die vom »Schreiber« zum »Schriftsteller« (vgl. den Aufsatz *Schriftsteller und Schreiber*[44]) verläuft. Mit der *Lust am Text* wird eine neue Schreibweise sichtbar, die nicht mehr den Anforderungen wissenschaftlicher Methodik gerecht werden will, wenngleich die in jener zweiten Phase gewonnenen Kategorien nicht vergessen, sondern im Sinne Hegels aufgehoben werden. Barthes geht weiterhin von ihnen aus, bleibt aber nicht bei ihnen stehen. Es ergibt sich jetzt eine animierende Schreibweise, deren Lektüre einem Vergnügen bereitet, die einen glänzend unterhält, ohne an wissenschaftlicher Akribie und analytischer Schärfe zu verlieren: Der Modus seines Schreibens ist von seinen Gegenständen, über die er schreibt, in die er eindringt, nicht mehr zu trennen. Als Ideal schwebt ihm eine singuläre Phänomenologie vor, die gegen Descartes, an Nietzsche orientiert, skizziert wird, die präzise die individuelle Erfahrung im Einzelfall protokollieren kann. Man darf hier sicher auch an das meisterliche Vorbild von Francis Ponge denken.

Der (Über-)Blick verweilt bei dem wunderschönen Spätwerk *Fragmente einer Sprache der Liebe*: ein Buch, von einem Liebenden geschrieben, der sich aussetzt, den Figuren der Liebe nachspürt, sei es dem Diskurs der Eifersucht oder jenem der Verzweiflung, sei es dem Liebessehnen oder der Verzauberung durch die Geliebte. Um Hierarchie zu vermeiden, ist dieses Buch wie *Die Lust am Text* und *Über mich selbst* (die beiden letztgenannten allerdings nur im französischen Original) alphabetisch gegliedert. Goethes *Werther*, Platos *Symposion*, Prousts *Recherche*, die Sprüche der Zen-Meister, die Erkenntnisse der Mystiker oder Freuds Vorstellungen über die Liebe sind für ihn Folien, von denen er die Diskurse und Figuren des liebenden Subjekts, das für ihn ein anachronistisches ist, löst.

Der Liebende ist einsam. Sein Diskurs in seinem Kopf (discursus: Hin- und Herlaufen, Kommen und Gehen, Schritte, Verwicklungen) besteht aus Selbstgesprächen. Die Figur des Zweifelns: Kommt mein Geliebter? Er verspätet sich. Unruhig gehe ich auf und ab. Was ist geschehen? Präzise beschreibt Barthes die Ängste, die sich unweigerlich einstellen, die Erwartungsangst, die einen lähmt. Darin sieht er die Obszönität der Liebe, daß sie das Gefühlsmäßige an die Stelle des Sexuellen setzt: »Der moralische Zoll, den die Gesellschaft auf alle Übertretungen erhebt, betrifft heute die Leidenschaft mehr noch als das Geschlecht.«[45] So ist für Barthes der Diskurs des Liebenden ein inaktueller. Genauso wie jener des leidenschaftlichen, liebenden Subjekts wird er für Barthes in der Romantik, vor allem im romantischen Lied, hörbar.

Gerade Barthes' Arbeiten über die Musik, vor allem über die romantische Musik (Schubert, Schumann), lassen jedoch ein Manko hervortreten: Was von Barthes bei uns in Deutschland übersetzt wurde (zum Teil unbefriedigend, zu Teilen vorzüglich wie z.B. *Fragmente einer Sprache der Liebe* und *Die helle Kam-*

mer), ist oft unvollständig. Im französischen Original von *L'obvie et l'obtus*[46] sind unter dem Titel »Le corps de la musique« auch noch weitere Beiträge, z.B. über Beethoven, enthalten. Was liegt in deutscher Übersetzung vor? Unter dem hübschen Titel *Was singt mir, der ich höre in meinem Körper das Lied?*[47] sind nur fünf Beiträge aus dem Original übernommen worden. Ebenso ist der Band *Literatur oder Geschichte*[48] ein zusammengestückeltes Konglomerat aus zwei Büchern von Barthes, nämlich *Sur Racine* und *Essais critique*. Sein Buch über die Mode, wie sie in Zeitschriften und Modeheften repräsentiert wird *(Système de la mode)*, jene akribische sozial-semiologische Studie, erschien bereits 1967 in Paris, wurde aber erst 1985 ins Deutsche übersetzt.

Sein letztes, überaus wichtiges Werk *La chambre claire. Note sur la photographie*, das erst kurz vor seinem Tod (1980) erschien und ahnungsvoll hintergründig immer wieder das Todesthema variiert, ist zunächst eine bemerkenswerte Studie über das Wesen der Photographie. Der Schrift *Das Imaginäre* von Jean-Paul Sartre gewidmet, geht sie dem Abenteuer des Bildes nach. Es geht jedoch nicht um die Photographie als Gegenstand wissenschaftlicher oder künstlerischer Betrachtungsweise. Geleitet von seinem Begehren, spürt Barthes vielmehr solche Photographien auf, die ihn betroffen machen, ihm unter die Haut gehen. Barthes spricht hier von dem »punctum« des Bildes, im Gegensatz zum durchschnittlichen Photo, das sich dem »studium« erschließt. Die Photographien, über die er spricht, sind Exempel seiner singulären Phänomenologie. Bis auf ein wichtiges Jugendbild seiner Mutter als fünfjährigen Mädchens im Wintergarten, das sein Schlüsselbild ist, werden die Photos im Text abgebildet.

Auch in seiner Autobiographie *Über mich selbst* arbeitet Barthes mit Photos. Der erste Teil des Buches erzählt mit ausgewählten Photographien aus seiner Kindheit. In Aphorismen, Fragmenten und Essays beleuchtet er Etappen seines Denkens, seine Entwicklungsphasen und Moden, seine Vorlieben und sein Leben. Er zeigt das Imaginäre, seine Phantasmen: Literatur als Fiktion. Das Motto dieser »Bruchstücke einer großen Konfession« (Goethe) im Modus der Selbstdarstellung lautet: »All dies muß als etwas betrachtet werden, was von einer Romanperson gesagt wird.«[49]

An diesem Zitat wird dem Leser spätestens klar, daß Barthes keineswegs nur aus redaktionellen Gründen nicht in der Ich-Form schreibt. Vielmehr will er bewußt zum Ausdruck bringen, daß er durch Schopenhauer, Nietzsche, Freud, Lacan u. a. davon überzeugt wurde, daß das unbewußte, leibgebundene Ich das Zentrum des einzelnen ist, daß sich im Selbstbewußtsein nur zeitweilig ein schwaches Licht entzünden kann, welches oft nur ein ungenaues Bild der Sache und seines Selbst aufscheinen läßt. So erscheint dieses Ich sich selbst immer wieder als ein anderes.

Diese Absage an die Selbstüberschätzung der denkenden Subjektivität, insbesondere an die Philosophie des deutschen Idealismus, wird manchen Hermeneutiker die Eingrenzung des Sinnverstehens zugunsten des Lustgenießens lauthals beklagen lassen. Dieser Irrationalismus-Vorwurf gegen die zeitgenössischen französischen Denker läuft allerdings so lange Gefahr, nur ein oft dahergeredetes Vorurteil zu wiederholen, wie der aufklärerische neuzeitliche Idealismus sich nicht einer kritischen Selbstreflexion unterzieht. Diese müßte ihn die Grenzen seines überzogenen Universalismusanspruchs erkennen lassen, der hinter der Maske der Autorität bislang nur die Relativität seiner Erkenntnis verborgen hat. Gerade im Vergleich zur deutschen Schulphilosophie, die sich bisher aus dem Bannkreis Hegels nicht recht zu befreien wußte, hat die französische Gegenwartsphilosophie ein entwickelteres Bewußtsein von der Begrenztheit des abendländischen Logozentrismus. Ihr Versuch, »das Unmögliche zu denken«, hat viele traditionelle Kategorien in Frage gestellt, aber auch viele produktive Anstöße gegeben.[50] Dies gilt nicht zuletzt auch für das eigenwillige Werk von Roland Barthes, das dem verselbständigten Geist seinen Widerpart ins Gedächtnis ruft: den Körper. Es ist das Bestreben Barthes', die Wahrnehmungen des Körpers als eine Form der Erkenntnis zu verdeutlichen. Insbesondere im Spätwerk lautet die Maxime seiner Philosophie: écrire le corps – den Körper schreiben.

Fragen an das (Spät-)Werk

Folgenden Fragen möchte ich nachgehen: Was heißt »écrire le corps« in den späten Texten von Roland Barthes? Wie schreibt sich der Körper ein?

Ich denke an das Japan-Buch *L'empire des signes* (dt. *Das Reich der Zeichen*), die Essays zur romantischen Musik, zu Cy Twombly, an »das Romaneske ohne den Roman«[1], die »Trois contes« *Über mich selbst, Fragmente einer Sprache der Liebe* und *Die helle Kammer*.

Wenn der Körper sich schreibt: Ist das der unbewußte Text? Ist es ein Schreiben, das Vergnügen macht, wie in der *Lust am Text*, das Schnalzen und Schmatzen der Konsonanten, die Musik der Vokale? Oder wie im Japan-Buch die Lust am Signifikanten, das Leere des Zeichens?

Die Körper, Gesichter, sie sind Schrift; jenseits der Codes, jenseits der »signification«: die reine »signifiance«, die Befreiung von Sinn. Das war wohl der Grund, weshalb das Schreiben am Japan-Buch ihn so glücklich machte – diese Befreiung: ein Land, dessen Schrift und Zeichen ihm fremd waren.

Wenn der Körper sich schreibt, jenseits der »signification«, der kulturellen Codes, der Kommunizierbarkeit von Sprache, schreibt sich das Phantasma, der Körper als »fantasme« (Lacan): »mon corps est ma prison imaginaire«[2]. Bedeutet diese Befreiung vom Sinn auch die Suspendierung des Subjekts? Wenn der Körper sich schreibt, ist es ein Körper der Wollust? Schlösse er das »laute Schreiben«[3] mit ein, wie Philippe Sollers es formulierte?

Bevorzugte Orte, wo der Körper sich schreibt, sind für Barthes das Haiku oder das Bunraku-Spiel, auch die japanische Speisefolge, welche die Kantschen Anschauungsformen von Raum und Zeit aufhebt, ebenso die »Kreisleriana« von Schumann.

Auch hier: Nicht mehr im Horizont der Sinnfrage vollzieht sich das Schreiben, sondern als »re-écrire«. Die Lektüre von Barthes' Texten, Texten der Lust/Wollust, macht aus dem Leser einen Mitproduzenten, keinen stummen Konsumenten. Barthes' Akzent liegt auf der Produktion, nicht auf dem fertigen Produkt.

Wenn der Körper sich schreibt: Dazu gehören eigene Zeichnungen und Kritzeleien, wie in *Über mich selbst*, die Abbildungen im Japan-Buch und im *Michelet*, die Photographien in der *Hellen Kammer*. Gerade die Photos sind selbst Text, dienen nicht zur Verankerung (»l'ancrage«) des Textes, sie treffen mich, irritieren, gehören zur Klasse des »punctum«.[4] Eine Irritation, wie sie der Zen-Meister auslöst, der mitten in einer Zeremonie seine Mütze aufsetzt und weggeht, Erstaunen, Blinzeln hervorruft. Das ist für Barthes ein Beispiel des Zerreißens von Sinn, »déchirement«.

Der Genotext ist der Text-Körper. Die Flecken, Ritzen, Spritzer auf den Bildern von Cy Twombly; auch die Faszination des leeren Zeichens, des »signe vide«, das Barthes bei Twombly mit dem lateinischen Wort »rarum«, das Rare, bezeichnet. Twomblys Bilder sind nicht voll. Es ist Luft in ihnen, mediterrane Helligkeit und Leichtigkeit; die Geste des Zufalls und der Überraschung dominiert, die Wiederkehr des Neuen. Der Strich Cy Twomblys erinnert an die Alla-prima-Malerei der japanischen Tuschzeichnungen, die Einmaligkeit des Haiku. Manchmal ist der Strich linkisch, »gauche«, als hätte Twombly wie kleine Kinder die »falsche« Hand zum Schreiben benutzt –

ein linkischer Körper. Cy Twombly hat oft in der Dunkelheit gezeichnet. Er vertraute seiner Hand.

Bei Barthes heißt es zum Strich unter dem Stichwort »Körper«: »Der Strich – jeder aufs Blatt hingeschriebene Strich – verneint den wichtigen Körper, den fleischigen Körper, den saftigen Körper; der Strich gibt weder zur Haut noch zu den Schleimhäuten Zugang. Was er sagt, ist der Körper, sofern er kratzt, streift oder gar kitzelt; durch den Strich deplaziert sich die Kunst; ihr Brennpunkt ist nicht mehr das Objekt des Begehrens (der schöne in Marmor erstarrte Körper), sondern das Subjekt dieses Begehrens: der Strich, wie geschmeidig, leicht oder unsicher er auch sein mag, verweist immer auf eine Kraft, eine Richtung; er ist *energon,* ein Arbeiten, das die Spur seines Triebes und seiner Verausgabung lesbar macht. Der Strich ist eine sichtbare Aktion.«[5]

Barthes betont das »Zwischen« im Text, gerade die Leerstellen zwischen den Fragmenten, etwa das Intervall im Text, das Intermezzo in der Musik Schumanns. Nicht mehr genau wissen, wo der Text, das »Thema«, das »Subjekt« beginnt, nicht mehr wissen, wo es endet – das ist entscheidend. Paradigma sind für Barthes die »Kreisleriana«. Paradigma der »grain de la voix«, des Gesangs als Genotext, ist ebenso die Stimme seines Gesanglehrers Panzéra. Bei Panzéra wird der Körper zur Stimme: vibrieren, zittern, man hört den Rhythmus des Atems, die Musik wird Körper. Den Gegensatz bildet Dietrich Fischer-Dieskau, der zwar stimmlich exakt singt, aber ohne Wollust, ohne Körper, höchstens mit der Seele.

Barthes' *Die helle Kammer* und die *Fragmente einer Sprache der Liebe* stehen in symmetrischer Beziehung zueinander. Beide haben das Imaginäre zum Thema, nämlich den Körper. Den liebenden Körper, den eifersüchtigen und einsamen, sich in seinen Diskursen verhaspelnden Liebenden in den *Fragmenten*; die

Trauer, den Schmerz, den leidenden Körper in *Die helle Kammer*. Barthes' Text-Körper ist ein fragmentierter, ein pluraler Körper.

Barthes betont des öfteren, wie wichtig für ihn sein Michelet-Buch war – neben dem Buch über Japan *(L'empire des signes)*. Ich denke, Barthes hat in seinem Spätwerk die Spur Michelets aufgenommen. Wie Michelet durch die Geschichte Frankreichs »graste« und »schwamm«, so schmiegt sich der Körper von Barthes an den Signifikanten, probiert und schmeckt ihn: in Essays, in Haikus, Zeichnungen und Bildern, in Dictées, in Romanen ohne Helden.

Barthes' Texte selbst sind beispielhaft für die Diskurse, die beim Betrachten von Bildern oder dem Hören von Musik in Bewegung kommen, sich fortsetzen, sich weiterschreiben. So kann man die Arbeiten zu Cy Twombly oder zur romantischen Musik kaum als Arbeiten über Twombly und die Musik lesen. Barthes' »re-écrire« dieser Texturen ist verwoben, verstrickt sich mit seinem Phantasma. Sein eigener Körper schreibt sich ein auf der Folie der Rauheit der Stimme, der Materialität von Twomblyschen Graffitibildern, der Leere des japanischen Zeichens.

Nach Philippe Roger läßt sich mit dem Schlüsselwort der »Spirale«[6] nicht nur das Spätwerk, sondern das ganze Werk von Barthes methodisch erfassen und beschreiben. Doch wie Barthes in *Über mich selbst* notiert hat, wurde ein Wort zunehmend wichtiger für ihn, das »Mana-Wort« Körper.[7]

Ich werde versuchen, dieses Mana-Wort mit seinen steten Begleitern (»Rauheit der Stimme«, »Genotext« und »signifiance«) auf einigen Windungen und Drehungen von Barthes' Textspirale zu verfolgen, um seine Varianten in den einzelnen Szenen der Malerei, der Musik, der »écriture« aufzuspüren und herauszuarbeiten.

I. Voix – Corps

»So bliebe denn übrig, zu sprechen und die Stimme in den Gängen widerhallen zu lassen, um den Mangel an Präsenz zu supplementieren. Das Phonem, der Laut ist das Phänomen des Labyrinths. So ist der Fall der phoné beschaffen. Sich gegen den Himmel erhebend, ist sie die Spur des Ikarus.«
Jacques Derrida[1]

Die Stimme – ein Organ des Imaginären

Schlüsselwörter

Durch eine kurze Rückblende auf *S/Z* und *Die Lust am Text* möchte ich mich den Phänomenen nähern, die Barthes vor allem in den Essays *Le grain de la voix*, *La musique, la voix, la langue*, *Rasch*, *Aimer Schumann* aufspürt: Was ist mit der Rauheit der Stimme gemeint? Wie ist der Zusammenhang von Geno- und Phänotext und deren beider Körper zu verstehen? Wie unterscheiden sich »signifiance« und »signification«? Ich möchte auf diese kürzeren Arbeiten von Barthes deshalb eingehen, weil ich davon überzeugt bin, daß sich hier *das* Thema des späten Barthes, der Körper, zum ersten Mal, wie in einem Exposé zu den »Hautpwerken« *Fragmente einer Sprache der Liebe*, *Die helle Kammer* und *Über mich selbst*, beschreiben läßt.

In diesem ersten »Vorspiel« steht der Zusammenhang zwischen Stimme und Körper im Vordergrund: Das sich anschließende »Zwischenspiel« (Abschn. II) geht den Arbeiten Barthes' zu Cy Twombly und Réquichot nach und untersucht die Verwicklung von »écriture« und »corporéité«.

Rückblende

Wie verschoben sich die Akzente Barthes' zur Bewertung des Textes, eines Textes? Welchen eruierte er in *S/Z* (1970) und welchen in der *Lust am Text* (1973)?

Unverändert ist seine Überzeugung, daß die Wertungsweise nur von einer Praxis ausgehen kann, »von der Praxis des Schreibens«[2], wie er es in *S/Z* formulierte und in der *Lust am Text* radikalisierte: »Das Schreiben ist dies: die Wissenschaft von der Wollust der Sprache, ihr Kamasutra (für diese Wissenschaft gibt es nur ein Lehrbuch: das Schreiben selbst).«[3]

Doch ein erster Unterschied wird sichtbar. In *S/Z* bildet das »Schreibbare« (»le scriptible«) den grundlegenden Wert, von dem Barthes ausgeht. Der Binarismus lautet »scriptible« – »lisible«. Das »Schreibbare« ist deshalb ein positiver Wert, weil es »das Vorhaben der literarischen Arbeit (der Literatur als Arbeit) ist, aus dem Leser nicht mehr einen Konsumenten, sondern einen Textproduzenten zu machen«[4]. Der arme Konsument wird bedauert, dessen Freiheit nur in der Ablehnung oder Befürwortung des Textes besteht. Nicht den »Zauber des Signifikanten, die Wollust des Schreibens«[5] wahrnehmend, etabliert sich somit ein Gegenwert, ein negativer Wert: »le lisible«, das »Lesbare«.

»Das Schreibbare, das ist das Romaneske ohne den Roman, die Poesie ohne das Gedicht, der Essay ohne die Darlegung, das Schreiben ohne den Stil, die Produktion ohne das Produkt, die Strukturierung ohne die Struktur«[6] – so Barthes' utopische Vorstellung seines eigenen Schreibens. Dagegen sind die lesbaren Texte Produkte und bilden den größten Teil unserer Literatur.

Welche Bewertungskategorien finden wir nun in den drei Jahre später verfaßten Fragmenten der *Lust am Text*? Sind es überhaupt welche? »Plaisir«/»Jouissance« heißt die Paarung. Sprach Barthes in *S/Z* noch im Plural von z. B. »unserer Bewertungsweise«, »unserer Literatur«[7], kehrt in der *Lust am Text* das Subjekt als Fiktion, als anachronistisches Subjekt zurück: »Und dieser Körper der Wollust ist auch *mein historisches Subjekt* [...].«[8] Die neue Bewertungsgrundlage ist also die Wiederkehr des Subjekts als Individuum, d. h., ich finde nicht meine »Subjektivität« wieder, sondern mein Individuum. Diese Sichtweise bricht, so Philippe Roger, mit der binären Konzeption von *S/Z* und wendet sich gegen sie. Es geht nicht mehr um einsinnige Bewertungen nach dem Muster, nur »le scriptible« ist positiv, sondern um eine Koexistenz von Texten der Lust und der Wollust: »*Le Plaisir du Texte* affirme la coexistence pacifique du ›texte de plaisir‹ (porteur d'euphorie culturelle, lié à une pratique ›confortable‹, voire ›mandarinale‹, de la lecture) et du ›texte de jouissance‹ (celui de l'état de perte, celui aussi qui déconforte ›peut-être jusqu'à un certain ennui‹).«[9]

Ich finde mich also bei der »lecture de plaisir« als getrennten Körper wieder, mit seinen Leiden und Freuden: »[...] es ist mein Körper der Wollust, den ich wiederfinde.«[10] Barthes gibt zu, daß die Paarung Lust/Wollust theoretisch nicht viel hergibt, daß diese Klassifizierung kein sicheres Unterscheidungskriterium ist; es sei eine Attrappe, vom Typus der »opposition frappée«, nicht »honoré«.[11]

Der Textbegriff, wie er noch in der Tel-Quel-Gruppe gehandhabt worden ist, wird somit von Barthes verabschiedet. Barthes postuliert ein neues Verhältnis zwischen Text und Leser: das des Begehrens. Wenn der Text zum Fetisch wird, was von der Semiotikerin Julia Kristeva bestritten wird[12], wenn der Text mich begehrt, ist er nicht mehr bloß Text: »Le texte que vous écrivez doit me donner la preuve *qu'il me désire*. Cette preuve existe: c'est l'écriture.«[13] Écriture meint also das Schreiben, das den Körper mit einschließt, den Körper der Wollust.

Der Text wird so zum »gewissen Körper«, wie die Araber dies ausdrücken. Er nimmt eine menschliche Gestalt an, eine Figur wird zum Anagramm unseres erotischen Körpers. So wenig die Lust des Körpers auf physiologische Bedürfnisse zu reduzieren ist, so wenig ist die Lust am Text auf grammatische Fragen, den Phänotext, eingrenzbar. »Die Lust am Text, das ist jener Moment, wo mein Körper seinen eigenen Ideen folgt – denn mein Körper hat nicht dieselben Ideen wie ich.«[14]

Studiert man nach der Lektüre dieser Stelle das erste Buch von Nietzsches *Zarathustra*, den Abschnitt »Von den Verächtern des Leibes«, wird Nietzsche als intertextueller Bezug deutlich. Nicht nur, daß Barthes dem Satz von Nietzsche »Seele ist nur ein Wort für ein Etwas im Leibe«[15] zustimmen würde – auch das Auseinanderklaffen, die Verschiebung von Körper und Ich, Vernunft und Trieben findet seinen Beifall. Bei Nietzsche liest sich das so: »Der Leib ist eine große Vernunft, eine Vielheit mit *einem* Sinne, ein Krieg und ein Frieden, eine Herde und ein Hirt. Werkzeug deines Leibes ist auch deine kleine Vernunft, mein Bruder, die du ›Geist‹ nennst, ein kleines Werk- und Spielzeug der großen Vernunft.«[16] Bei Nietzsche ist der Leib eine große Vernunft, der eigentliche »Gebieter«, ein »unbekannter Weiser«: »Es herrscht und es ist auch des Ichs Beherrscher«.[17]

Der Leib, identisch mit dem Selbst, ist jene Instanz, die über das Ich lacht.

Auch wenn Julia Kristeva immer wieder die Wichtigkeit der Signifikanz betont, wird diese bei ihr doch vergessen, abgedrängt, zurückgewiesen. Barthes rehabilitiert die Signifikanz, gibt ihr Raum als Ort der Wollust. Nicht mehr die bornierte Suche nach der Wahrheit – seit Nietzsche ist die Wahrheit nur als plurale denkbar[18] –, nicht das »l'effeuillement des vérités, mais le feuilleté de la signifiance«[19], nicht mehr der Phänotext, sondern der Genotext, die »écriture«, die das laute Schreiben mit einschließt, ist für die Textlektüre bedeutsam.

Wie sieht das vokale Schreiben aus? In der *Lust am Text* heißt es, daß das *laute Schreiben* nicht expressiv ist, zum Genotext gehört, getragen ist von der »*Rauheit* der Stimme, das eine erotische Mischung aus Timbre und Sprache ist«[20]; es ist nicht phonologisch, sondern phonetisch. Nicht die Transparenz der Botschaft steht im Vordergrund, sondern »le théâtre des émotions«: »es sucht vielmehr (im Streben nach Wollust) die Triebregungen, die mit Haut bedeckte Sprache, einen Text, bei dem man die Rauheit der Kehle, die Patina der Konsonanten, die Wonne der Vokale, eine ganze Stereophonie der Sinnlichkeit hören kann«[21]. Die Verknüpfung von Körper und Sprache, nicht von Sinn und Sprache, zeichnet den Genotext aus, der die Grundlage des Phänotextes bildet.

Julia Kristeva, von der Barthes die oben kurz skizzierten Begriffe übernommen (und leicht variiert?) hat, stellt in ihrem grundlegenden Buch *Die Revolution der poetischen Sprache* eine Theorie der Bedeutung auf, die vom Subjekt, seiner Entstehung und der Dialektik von Körper, Sprache und Gesellschaft ausgeht. Sie versteht unter Signifikanz »jenes unaufhaltbare Funktionieren der Triebe auf die Sprache zu, in ihr und durch sie hindurch«[22]. Dabei nimmt sie einen rhythmischen Raum an, noch ohne Thesis, aus Bewegungen und flüchtigen Stasen bestehend, den sie »chora« nennt (der Begriff ist aus Platons *Timaios* entlehnt). Er ist eine ausdruckslose Totalität, ein Raum, nur durch die Triebe bewegt, bestimmt von Gesten, Farben und Stimmen. Diese frühe, die präödipale Phase, vor der Subjekt-Objekt-Spaltung in der Spiegelphase, nennt sie semiotische Phase, die darauf folgende symbolische Phase.

Es geht Kristeva also vor allem um präödipale, semiotische

Funktionen, Energieabfuhren im Bereich der gesamten Primärvorgänge, um Vorgänge der Verschiebung und Verdichtung. Es geht um die Affekte, die den Körper des Kleinkindes (vgl. Melanie Klein[23]) in der Beziehung zur Mutter binden und auf sie hin orientieren. Da der Trieb ambivalent, heterogen ist, wird der semiotisierte Körper zum Ort ständiger Spaltung, wobei die oralen und analen Triebe vorherrschend sind. Das Semiotische wird von Kristeva als »psychosomatische Modalität des Prozesses der Sinngebung«[24] charakterisiert. Wie schlägt sich das Semiotische nun im Text nieder, wie wird es sichtbar?

Alle semiotischen Vorgänge (Triebe, ihre Dispositionen, der Zuschnitt, den sie dem Körper aufprägen) bilden den Genotext. Kristeva zählt dazu auch die Heraufkunft des Symbolischen (Bedeutung, Satz, Urteil), verknüpft damit das Auftauchen von Subjekt und Objekt, die Konstituierung von Sinnkernen. Der Genotext ist also ein Transportmittel für Triebenergien, die einen Raum organisieren, in dem das Subjekt noch keine gespaltene Einheit ist. Es gibt sich zwar in der Sprache zu erkennen, ist aber im Sinne der generativen Linguistik nicht sprachlich. Will man den Genotext bloßlegen, muß man die Energieschübe der Triebe freilegen, wie im phonematischen Apparat (Phonemhäufungen und -wiederholungen, Reime usw.), in der Melodie (Intonation, Rhythmus), auch im semantischen Feld und in den mimetischen Verfahren.

Die poetische Sprache, vor allem in den Texten von Lautréamont, Mallarmé, Artaud und Joyce, wird von Kristeva beispielhaft als diejenige Sprache begriffen, die dem Subjekt den Prozeß macht, indem sie sich semiotischer Markierungen und Bahnen bedient. Ihnen, also diesen »signifikanten Praktiken« der Avantgarde, gelingt es, den Prozeß bis zur »semiotischen chora«[25] zu durchlaufen, die dann die Veränderung der Sprachstrukturen bewirkt. »Der Genotext ist ein Prozeß, der Zonen relativer Begrenzungen und Übergänge durchquert; er besteht aus einem *Durchlauf*, der nicht von den zwei Polen univoker Information zweier Subjekte blockiert wird«[26], ganz im Gegensatz zum Phänotext, der den Kommunikationsregeln gehorcht und ein Subjekt des Aussagens bzw. einen Empfänger voraussetzt.

Kristevas These, daß im »Text« (im Unterschied zur »Metasprache« und zur »Erzählung«) das Negative, die Aggressivität, die Analität und der Tod vorherrschen, hat ihren Grund in der Übersetzung der Bewegung des »Verwerfens«. Der menschliche Körper wird von einer Dynamik erfaßt, »erotisiert« das Verworfene, welches sich in der Sprache niederschlägt. »Der poetische Rhythmus ist nicht die Anerkennung des Unbewußten, sondern dessen Verausgabung und ›Inbetriebnahme‹«[27]; kein einheitlicher, ein zergliederter Körper bringt das Verworfene zum Durchbruch: als »Exkorporation« bzw. »Exspektoration« bei Artaud, als »Exkretion« bei Bataille.

Foucault beschreibt die Szene der Avantgarde deutlicher:

»[...] bei Mallarmé erscheint die Sprache nicht nur als Verabschiedung des von ihr Genannten, sondern seit *Igitur* und bis zur autonomen und aleatorischen Theatralität des *Buches* als eine Bewegung, in der der Sprechende verschwindet; bei Artaud löst sich die ganze diskursive Sprache in der Gewalt des Körpers und des Schreies auf, und das Denken verläßt die geschwätzige Innerlichkeit des Bewußtseins und wird materielle Energie, Leiden des Fleisches, Verfolgung und Zerreißung des Subjekts; bei Bataille ist das Denken nicht mehr Diskurs des Widerspruchs oder des Unbewußten, sondern Diskurs der Grenze, der gebrochenen Subjektivität, der Überschreitung; in Klossowskis Erfahrung des Doppelgängers, der Äußerlichkeit der Zerrbilder, der theatralischen Vervielfältigung und Verleugnung des Ich.«[28]

»La voix est un organe de l'imaginaire«[29]

Immer wieder stellt sich Barthes die Frage nach den Möglichkeiten von Interpretation und deren Bewertungsgrundlagen. In seinem Vortrag *La musique, la voix, la langue*[30] sieht sich Barthes einer besonders prekären Lage ausgesetzt, weil er über etwas sprechen soll, das er sehr geliebt hat und immer noch liebt: die Stimme seines Gesangslehrers Panzéra. Unentschieden wie wir seien, »schwämmen« wir bei Wertungen die meiste Zeit, seien wir uns nicht einig darüber, was zählt: das, was für uns einen Wert hat, oder das, was für alle gilt. An der Stimme Panzéras verdeutlicht Barthes, was für ihn Genotext bedeutet. In Opposition dazu steht die Stimme Dietrich Fischer-Dieskaus für den Phänotext.

In dem Essay *Die Rauheit der Stimme* bestimmt Barthes den Geno-Gesang: »Der *Geno-Gesang* ist das Volumen der singenden und sprechenden Stimme, der Raum, in dem die Bedeutungen ›aus dem Inneren der Sprache und in ihrer Materialität selbst‹ hervorkeimen; es ist ein signifikantes Spiel, das nichts mit Kommunikation, Repräsentation (der Gefühle) und Ausdruck zu tun hat; es ist die Spitze (oder der Grund) der Produktion, wo die Melodie wirklich die Sprache bearbeitet – nicht das, was sie sagt, sondern die Wollust ihrer Ton-Signifikanten, ihrer Buchstaben: wo sie erforscht, wie die Sprache arbeitet und sich mit dieser Arbeit identifiziert.«[31] Weiter heißt es da, es sei die Diktion der Sprache, die den Geno-Gesang ausmache. Für Barthes gehört die Diktion zu den Sängern und nicht zu den Schauspielern. Barthes war vom Physischen der Stimme Panzéras fasziniert, davon, wie sich die Stimme im Körper hält oder der Körper in der Stimme: »cette voix était toujours *tendue*, animée d'une force quasi métallique de désir«[32].

Es gibt keine einzige Stimme auf der Welt, die nicht Objekt des

Begehrens ist, es gibt keine neutrale Stimme: »Tout rapport à une voix est forcément amoureux.«[33] Diese These von Barthes zieht sich wie ein roter Faden durch seine Arbeiten zur romantischen Musik bis zu den *Fragmenten einer Sprache der Liebe*. Auf den Windungen der »Spirale« wird sie immer wieder sichtbar.

Das, was sich beim Zuhören herstellt, zwischen meinem Körper und jenem Körper, der singt, ist eine erotische Beziehung. Was ist also, noch einmal gefragt, jene »grain de la voix«, die Rauheit der Stimme? »Die ›Rauheit‹ ist der Körper in der singenden Stimme, in der schreibenden Hand, im ausführenden Körperteil.«[34] Die Rauheit der Stimme ist der Raum, wo eine Sprache eine Stimme trifft, wo Sprache und Musik produziert werden. Noch deutlicher wird der Zusammenhang der Rauheit der Stimme mit der Signifikanz hergestellt: »Die ›Rauheit‹ wäre dies: die Materialität des Körpers, der seine Muttersprache spricht: vielleicht der Buchstabe; fast mit Sicherheit die Signifikanz.«[35] Signifikanz: Reibung der Musik mit etwas, was Sprache ist und nicht die Botschaft. Panzéra hat prononciert, nicht artikuliert; er hat das Gleichgewicht gehalten zwischen der Linie der Musik, dem Phrasierten und der des Sinns, des Satzes. Dagegen ist die Artikulation ein Feind der Prononciation. Sie ist die Negation des legato; sie verführt den Sänger zur Expressivität, zur Dramatisierung, die in den Augen Barthes' nichts anderes als ein Effekt der Hysterie ist.

Genau in diese Kategorie der Artikulation fällt Dietrich Fischer-Dieskau mit seinen Liedern. Er gehört zur anderen Seite der Sprache, zum Phäno-Gesang. Barthes hört bei Fischer-Dieskau die Lungen, die Glottis, die Nase, die Zähne, nie die Sprache; er singt ohne »poids signifiant«[36]. Phäno-Gesang wäre also alles, was im Dienste der Kommunikation, der Repräsentation, des Ausdrucks steht, das, was die kulturellen Werte formt (»la ›subjectivité‹, l'›expressivité‹, le ›dramatisme‹«[37]). Die Stimme Panzéras bringt »die Wahrheit« der Sprache, nicht ihre Funktionalität zum Ausdruck: »als Raum der Lust, der Wollust, den Ort, wo sich die Sprache *für nichts*, d.h. in der Perversion, bearbeitet«[38]. Panzéra konnte das »r« rollen, die Vokale erhielten ihre ganze Wollust, die Konsonanten die Patina, die Nasale die Rauheit.

Musik besitzt für Barthes die Qualität der Sprache: »[...] ce qui est prononcé (soumis à inflexions) mais n'est pas articulé: ce qui est à la fois en dehors du sens et du nonsens, à plein dans cette *signifiance*, que la théorie du texte essaye aujourd'hui de postuler et de situer.«[39] So wie Barthes in der *Lust am Text* Texte der Lust und der Wollust sondierte, besonders das »laute Schreiben« paradigmatisch heranzog, um zu erläutern, was Signifikanz ist, wird hier am Beispiel erneut, mit fast identischen Begriffen, der Gesang Panzéras gewürdigt. In diesem Gesang trifft eine Stimme eine Sprache; die Sinnlichkeit und die Materialität des Körpers werden in der Rauheit der Stimme erfahrbar.

Écrire le corps – den Körper schreiben

In einem Essay mit dem Titel *Rasch*, der Emile Benveniste gewidmet ist, gerät das Schreiben selbst zur Demonstration dafür, wie in der Auseinandersetzung mit dem Klavierzyklus »Kreisleriana« von Schumann der Körper sich schreibt. Wenn Barthes die »Kreisleriana« hört, hört er Schläge. Er hört keine Grammatik, keinen Sinn, er rekonstruiert keine intelligible Struktur des Werks. Er hört das, was den Körper schlägt, oder genauer »ce corps qui bat«.

Ein »geschlagener« Körper wird also geschrieben. Barthes entlarvt das romantische »Herz« und die romantische »Seele« erneut als Mißverständnisse, fehlgedeutete Metaphern, wie ich es oben schon im Sinne Nietzsches angemerkt habe. Das Herz als intimes Zentrum des Körpers, das schlägt und die Schläge durch den Körper weitergibt, ist Raum, Organ und Zentrum des Körpers und seiner Triebe schlechthin.

Barthes sieht in der Verwendung des Adjektivs, gerade im Umgang mit Musik (Gesellschaftsspiel: einmal Musik hören und ohne Adjektive auskommen), vorrangig einen Schutzmechanismus, das Imaginäre der Musik zu bannen. Ohne dieser »Doxa« zu verfallen, entwirft er, gleich einer Litanei, einen bilderreichen Katalog, da der Körper nur in Bildern sprechen kann. In der ersten »Kreisleriana« kugelt sich etwas ein und webt es, in der zweiten dehnt es sich, um dann zu erwachen: Es sticht und klopft und leuchtet düster auf. In der dritten strafft es sich, dehnt sich aus: »aufgeregt« (i.O.). In der vierten »Kreisleriana« spricht es und erklärt, jemand erklärt sich; in der fünften kühlt es ab, geht aus den Fugen, zittert; in der sechsten redet es, buchstabiert es; in der siebten schlägt und pocht es und in der achten tanzt es, beginnt wieder zu grollen, Schläge auszuteilen.

So wie auch die Anweisungen von Schumann, meist in deutscher Sprache, von Barthes auch nicht als Tempibezeichnungen mißverstanden werden, sondern als etwas, »was sie alles über den Körper sagen«[40], treffen die Schläge des Schumannschen Körpers den Körper von Barthes und werden geschrieben. Es ist ein triebhafter Körper, leichtsinnig, betäubt, trunken und glühend zugleich. Von daher rührt sein Verlangen nach dem »Intermezzo«. Das Intermezzo hat eine metonymische Funktion, es verschiebt die Bedeutungen. Auf die Spitze getrieben, besteht das Schumannsche Werk nur aus Intermezzi, auch wenn die Zwischenspiele als solche nicht gekennzeichnet sind: ein unendlicher Aufschub.[41]

Das Intermezzo verhindert, »daß der Diskurs sich bindet, sämig wird, zerläuft«[42]. Es ist immer wieder aufs neue ein Augenblick, wo der Körper sich bewegt, das »Schnurren der künstlerischen Rede«[43] stört. Mit Brecht bezeichnet Barthes das Intermezzo als episch: Durch seine Einbrüche beginnt der Körper den Diskurs zu kritisieren, der oberhalb seiner geführt wird, der glaubt, ohne den Körper weitergeführt werden zu können.

Die »Kreisleriana« von Schumann bewegen sich also nicht in Kontrasten. Barthes könnte sonst den Sinn der Oppositionen innerhalb der Einheiten an der semiologischen Struktur ablesen. Der Körper Schumanns aber, ein pluraler, verlorener und verwirrter Körper, verzweigt sich ständig. Verästelungen, Gabelungen, keine Kontraste. Der musikalische Text verfolgt nichts, die Folge der Intermezzi hat keine andere Funktion, als »eine leuchtende Schrift zu bilden, die sich damit näher am gemalten Raum als an der gesprochenen Reihung befindet«[44]. Die Musik nähert sich dem Bild, keiner Sprache.

Für Barthes gibt es einen Ort des musikalischen Textes, an dem jegliche Unterscheidung zwischen dem Komponisten, dem Interpreten und dem Zuhörer hinfällig wird. Mit Maurice Blanchot begreift Barthes die Welt im Anschluß an Nietzsche als »die Unendlichkeit der Interpretation (die Entfaltung einer Bestimmung ins Unendliche)« und fragt sich: »Doch wer soll interpretieren? Der Mensch? Und welche Art Mensch? Nietzsche antwortet: Man darf nicht fragen: ›wer interpretiert denn?‹, sondern das Interpretieren selbst, als eine Form des Willens zur Macht, hat Dasein (aber nicht als ein ›Sein‹, sondern als ein Prozeß, ein Werden) als ein Affekt.«[45] Interpretation kann deshalb für Barthes nur heißen, die Schumannschen Anagramme lesen zu können, unter der tonalen rhythmischen und melodischen Rhetorik das Netz der Betonung hervortreten zu lassen: Auf der Ebene der Schläge führt jeder Zuhörer das aus, was er hört. Barthes' Körper verschmilzt mit dem Schumanns. Dies wird während des gesamten Prozesses des Schreibens sichtbar. Wenn Barthes sich fragt, was der Körper macht, wenn er musikalisch aussagt, und dann fortfährt: »Schumann antwortet: mein Körper schlägt zu, mein Körper igelt sich ein, er zerplatzt, er schneidet sich, er sticht« [46], ist »mein Körper« zugleich auch der Körper von Barthes. Ein Körper, der schlägt, der sich einigelt, explodiert, sich schneidet und sticht. Schläge, die der Körper schreibt, sind Schläge erotisierter Körper.

Barthes beklagt an einer Stelle beim Hören der fünften »Kreisleriana«, daß ihm hier und da die Kraft mangelt, in geeigneten Bildern und Metaphern das auszudrücken, was ihn bewegte. Er weiß nur, daß er von dieser Episode besessen wird, wobei es ihm nicht gelingt, das körperliche Geheimnis aufzuspüren: es schreibt sich in ihm ein, er weiß nicht wo. »Als Körper (als mein Körper) ist der musikalische Text von Momenten des Sichverlierens durchlöchert: ich kämpfe, um wieder zu einer Sprache, zu einer Benennung zu kommen: *mein Königreich für ein Wort, oh, wenn ich nur schreiben könnte!«* [47]

Diesen Kampf um eine Sprache zeigen das Japan-Buch *L'empire des signes* und vor allem *Die helle Kammer*. Barthes' Ausruf »c'est ça!« beim Betrachten von Bildern, die ihn treffen (»punctum«), charakterisiert seine Annäherung an die Auflösung von Sinn und Unsinn. In Fragmenten, Gedankenfetzen, Bruchstücken spiegelt Barthes' Text die »écriture« des Musik-Körpers wider, zerschnitten und organisiert durch die Intermezzi: »[...] jedes Stück ist sich selbst genug, und dennoch ist es immer nur der Zwischenraum der Nachbarstücke: das Werk besteht nur aus Außer-Text.« [48] Barthes nähert sich der von ihm in der *Lust am Text* postulierten Utopie, einmal Schriftsteller zu sein, um von den musikalischen Wesen und den »chimères corporelles« auf eine vollkommene, wissenschaftliche Weise berichten zu können. Das wäre eine wissenschaftliche Schreibweise im Sinne Nietzsches, in der das Schreiben triumphiert in der Weise, daß es den Körper wieder einsetzt, denn allein die Metapher ist genau. [49]

Diese Utopie einer neuen Darstellungsweise steht im Mittelpunkt von Barthes' Wissenschaftskritik. So wie in der *Lust am Text* das Schreiben als »die Wissenschaft von der Wollust der Sprache« [50] gefaßt wird, gibt es für die Wissenschaft nur ein Lehrbuch, nämlich das Schreiben selbst. Das entspräche der »écriture«, wie sie Philippe Roger skizziert hat: einem Ort, einem Objekt, wo »science« und »plaisir« vereint sind. [51]

In der Musik ist der Körper der Referent; er ist unauslöschlich, im Feld der Signifikanz und nicht im System der Zeichen. Der Körper geht in die Musik ein, ohne eine andere Verbindung als den Signifikanten. Dieser Übergang ist für Barthes eine Überschreitung, bei welcher die Musik eine Schwester des Wahnsinns wird.

Der Schauplatz des Körpers wird, wie schon angedeutet, von den Anweisungen Schumanns in deutscher Sprache eröffnet: »Bewegt«, »Aufgeregt«, »Innig«, »Äußerst bewegt«, »Rasch«. Es ist der Einbruch der Muttersprache in die musikalische Schrift, in welcher sich die Wiedereinsetzung des Körpers vollzieht. Der Körper entdeckte sich wieder in der »doppelten Tiefe des Schlags und der Sprache« [52]. Das Angabewort, z.B. »innig«, ist für Barthes das Sammelbecken der Signifikanz. Eindeutiger als die linguistische »Signification« ist die »significance musicale« vom Begehren durchdrungen: »Durch die Musik verstehen wir den *Text* besser als Signifikanz.« [53]

An der Bezeichnung »Rasch« möchte ich noch einmal Barthes' Konzeption der Signifikanz verdeutlichen und zeigen, wie Barthes »die Wahrheit des Signifikanten« hinzufügt. Für ihn als Franzosen, der gegenüber der deutschen Sprache nur ein erstaunliches Gehör für ihren Klang besitzt, kann die Meinung der Herausgeber keinen Bestand haben, daß »Rasch« nur in »lebhaft, schnell (presto)« aufginge. »Rasch«: »als ob ich einen durch den Wind, die Peitsche *herausgerissenen* und zu einem genauen, aber unbekannten Streuungsort davongetragenen Körperteil besäße« [54].

»Le corps passe dans l'écriture«[55]: Blanchot faßt in seinem Essay über Nietzsche die Rede des Fragments als Rede des »Zwischen-Zwei«[56], eine Rede, die Brüche markiert – »wo das Ununterbrochene spricht, das Ende, das kein Ende nimmt«[57]. Das Fragment beherbergt ein Denken, das keine Einheit mehr garantiert und voraussetzt, eine Leidenschaft für das Nichtvollendete zeigt. Trotzdem: »Einzige, einsame, fragmentierte Rede, doch als Fragment schon vollkommen, in dieser Zerstückelung ganz, einschlagend, ohne noch auf etwas Zerschlagenes zu verweisen«[58]. Das Schreiben als fragmentarisches Reden – noch deutlicher wird dies im Kapitel »Fragmente einer Sprache der Liebe« werden – bezieht sich nicht auf eine absolute Einheit, den absoluten Text. Was sich schreibt – »écrire le corps« –, schreibt sich in so »umgrenzten Zwischenräumen, den so ausgesparten Pausen, durch die so bewahrten Schweigen«[59].

Geeinter Körper – Geteilter Körper

Etwas kehrt wieder, mit neuen Vorzeichen. Die Bestimmung Barthes', »das Schreibbare, das ist das Romaneske ohne den Roman«[60], findet, ein paar Windungen weiter auf der Spirale, in dem Essay *Der romantische Gesang* folgende Variante: »Diese Fähigkeit [...] nennt man in der romantischen Musik die Schubertsche oder Schumannsche *Phantasie: Fantasieren:* sich etwas vorstellen und zugleich improvisieren, d.h. Romanhaftes produzieren, ohne einen Roman zu gestalten.«[61] Ein Liederzyklus wie »Die Winterreise« ist keine auf Transzendenz und allgemeinen Sinn hin konzipierte Liebesgeschichte; es ist eine Reise, eine Irrfahrt, kein Werden, das seine Bestimmung und sein Ziel schon kennt.

Die bisher untersuchten Phänomene, wie »Geno-Gesang«, »Signifikanz«, »Rauheit der Stimme«, Phänomene, die für den

Zusammenhang Körper – Stimme konstitutiv sind, werden in Barthes' Arbeit *Der romantische Gesang* gebündelt und verschmolzen: Das Lied erscheint als Prototyp des Diskurses eines liebenden Subjekts. So wie der Text ist der Diskurs ein Text der »jouissance« (Wollust), der mich begehrt, so mich die Stimme begehrt. Die Stimme wird »écriture«. Die erotische Beziehung, die durch die Schumannschen Schläge in der »Kreisleriana« geschaffen wurde, wird jetzt als imaginäres Zwiegespräch charakterisiert. Ich wende mich an ein Bild, kämpfe mit ihm; es ist in eins das begehrte Bild des anderen und mein eigenes begehrendes Bild.

Jedes Lied, auch das Streichtrio Nr. 1 von Schubert, wird, weil es »singt«, zur Widmung: der Gesprächspartner des Liedes ist mein Double: Narziß. Doch dieses Bild, das der zersprungene Spiegel zeigt, ist ein zerstörtes Double. Was also spielt sich beim Hören ab? Ich singe das Lied mit mir selbst, für mich selbst. Ich wende mich in mir an ein Bild, an das Bild des geliebten Wesens, in welches ich mich verliere, von dem aus mein eigenes Bild, verlassen, zurückkommt.

Ausführlicher wird in *Fragmente einer Sprache der Liebe* auf die Diskurse dieses anachronistischen Subjekts eingegangen, das einsam und inaktuell, wie das Subjekt des romantischen Lieds, seine Verlorenheit zum Ausdruck bringt. Für den Verliebten, wie für das Kind – »un sujet humain, *unisexe*«[62] –, singt das Lied die Erschütterung des verlorenen, verlassenen Subjekts. »Denn *singen*, im romantischen Sinn, heißt dies: phantasmatisch meinen geeinten Körper genießen.«[63] Barthes betont, daß selbst im Höhepunkt der Trauer stets das Glück des geeinten Körpers gesungen wird. Der Körper ist ein Körper der Metapher, wie ihn Baudrillard neben dem geklonten und fließenden Körper skizziert hat. Er ist Schauplatz, Ort des Begehrens, »szenischer Raum des Phantasmas«[64]. Er verfügt noch über »die verborgene Form des Spiegels, durch den der Körper über sich und sein Bild wacht«[65].

Im Lied, das singt, in welchem sich Begehren und Zärtlichkeit, Liebesverlangen und der Lockruf der Wollust mischen, wendet sich das Subjekt an *das* abwesende Liebesobjekt, die Mutter. In einem Nebensatz vermerkt Barthes, daß Schubert fünfzehn Jahre alt war, als er seine Mutter verlor. »Das ganze Spiel der Wünsche kreist um dieses Manko. Vor allem in jener rückwärtsgewandten Illusion eines ersten verlorenen Objekts, im Nichtvorhandensein dieses Objekts wäre der Ursprung der Wunschbewegung zu suchen.«[66] Diese Spur der Wunschbewegung wird auch in Barthes' Buch *Die helle Kammer. Bemerkungen zur Photographie* zu verfolgen sein, wo Barthes' Suche nach dem Bild seiner geliebten Mutter im Zentrum steht.

Wenn ich meinen geeinten Körper genieße, »welcher Körper singt nun das Lied«? Wird mein Körper zum Schauplatz der Wollust, des Begehrens, dessen, was widerhallt?

Wie sehr die Stimme ein Organ des Imaginären, des Phantasmas, des Körpers ist, soll am Schluß des ersten »Vorspiels« noch ein Seitenblick auf ein prägnantes Beispiel aus der Psychiatrie zeigen. In dem Aufsatz *Du dessin à la lettre: Le signe, vérité du corps* wird von dem Autorenpaar Béatrice Palattini und Niké d'Astorg der Fall eines psychotischen fünfzehnjährigen Jungen vorgestellt, der, als er in die Therapie kam, weder sprach noch schrieb.[67] Allmählich verlor der Junge während der Behandlung die Angst vor den eigenen Lauten, die er hervorbrachte. Er wurde durch seine Stimme in die Lage versetzt, Szenen aus seinem Leben zu assoziieren und sich an sie zu erinnern. Er erlebte seine Stimme nicht mehr als von außen kommende, bedrohliche Übermacht, sondern als sinnlichen Ausdruck seines Körpers: »C'est une voix du ventre, une voix vraie, dense et claire, celle d'un individu pour qui les paroles sont l'expression du vécu de son corps.«[68]

II. Écriture – Corporeité

»Die Körper sind ein Gewebe von Hieroglyphen.«
Charles Fourier

Réquichot – den Körper schreiben

Derrida beschreibt in der *Grammatologie*, wie der Begriff der Sprache, der inflationär für Bewußtsein, Erfahrung, Bewegung usw. gebraucht wurde, abgelöst worden ist. Bei den genannten Phänomenen spräche man nun von »Schrift«: »all das, was Anlaß sein kann für Ein-Schreibung überhaupt, sei es nun alphabetisch oder nicht, selbst wenn das von ihr in den Raum Ausgestrahlte nicht im Reich der Stimme liegt: Kinematographie, Choreographie, aber auch ›Schrift‹ des Bildes, der Musik, der Skulptur usw.«[1].

Auch Barthes beantwortet die Frage »La peinture est-elle un langage?« – so der gleichlautende Titel seiner Rezension eines Werkes von Jean-Louis Schefer, den Zusammenhang von Bild und Sprache betreffend: »Ce rapport n'est-il pas le tableau lui-même?«[2] Wenn das Bild nicht mehr nur Ausdruck eines Codes ist, sondern die Variation der »codification«, dann ist die Lektürearbeit auch nicht mehr von der »écriture« des Bildes zu trennen: »[...] le travail de la lecture (qui définit le tableau) s'identifie radicalement (jusqu'à la racine) avec le travail de l'écriture: il n'y a plus de critique, ni même d'écrivain parlant peinture; il y a le *grammatographe*, celui qui écrit l'écriture du tableau.«[3]

Von Barthes gibt es eine Reihe von Arbeiten, in denen er dem Zusammenhang von Körper und »écriture« – peinture nachgeht (vgl. die Essays zu Arcimboldo, Masson u.a.).[4] Ich greife nur seine Auseinandersetzung mit Réquichot[5] und Cy Twombly[6] auf, zwei Malern, die zwar gemeinsam das »Thema Körper« schreiben, dies aber doch auf sehr unterschiedliche Weise praktizieren.

Ist Barthes bei Réquichot Bildern auf der Spur, die das Körperinnere (»son corps du dedans«[7]) zeigen, aber auch Konkretisierungen der Körpersäfte wie Blut und Eiter, Materialisierungen der Lebensmittel und Fäkalien, verfolgt ihn bei den Bildern Cy Twomblys ein anderer Körper: Bilder, die wie Haikus gelesen sein wollen, in denen der Augenblick der Geste des Körpers, seine Ungeschicklichkeit oder Leichtigkeit erfaßt wird. Auf Cy Twombly komme ich noch zurück.

Wie sieht nun die »écriture« von Réquichot aus? Das Bemerkenswerte an den Bildern Réquichots, der den Kunstmarkt und seine Regeln des Tauschs verabscheut, deshalb auch kaum in Museen zu sehen ist, ist nicht so sehr die Tatsache, daß er auf der Leinwand den menschlichen Körper reproduziert, sondern daß er nur seinen eigenen Körper, das Innerste seines Körpers »geschrieben« hat: »son corps du dedans«. Was er ans Tageslicht bringt, ist nicht der Körper der Muskeln und Sehnen. Er zeigt, wie er, ergriffen von einer Abfolge von triebhaften und wollüstigen Bewegungen, vom Material absorbiert wird, sich in der Vibration abstrahiert, »schrill« wird, wie Barthes sagt. Die Malerei wird zum Geräusch. Diesen Exzeß, der sich zwischen Körper und Material ereignet, nennt Réquichot »méta-mental«[8], einen Exzeß, der die klassische Opposition von Körper und Seele aufhebt, sie jeglichen Sinns beraubt.

Für Derrida, mit dem Blick auf Artauds Auseinandersetzung zu diesem Thema, liest sich dies so: »Die Artikulation ist nämlich die Struktur meines Körpers, sie ist aber stets enteignende Struktur. Die Aufteilung des Körpers in Organe, die innere Differenz des Fleisches, eröffnet den Mangel, durch den der Körper sich von sich selbst entfernt; dadurch kann er sich folglich als Geist ausgeben und begreifen. [...] ›Es gibt [aber] keinen Geist, nur Differenzierungen des Körpers‹«.[9]

Diese Auflösung (»débandade«) des Körpers demonstriert das Werk Réquichots. Für Barthes bildet die Nahrung (»nourriture«) das neurotische Zentrum seiner Schreibweise. Das Begehren Réquichots ist die Inszenierung eines Bedürfnisses: zu essen, zu verdauen, sich zu erbrechen. Seine Malerei hat so in der »écriture« und in der »cuisine« gleichermaßen ihren Ursprung. Substantiell für beide Aktionen ist das Öl: beim Zubereiten von Speisen ebenso unverzichtbare Ingredienz wie beim Herausschreiben eines Bildes. In solcher Inszenierung des Körpers dominieren folgende Projektionen: die Bewegungen der Stimmritze, der Eingeweide, der Klaue; die Körperöffnungen und -höhlen, der Anus, das Verdauungsreptil als immenser Phallus. Réquichot hat seine Arbeiten nicht als erotische gekennzeichnet, sondern genauer, als »mouvement érectile«[10].

Der gesamte zu schreibende Körper ist sein Drinnen, dieses »dedans«, welches in eins – Verdauung hin, Fäkalie her – eine Erotisierung erfährt: »[...] le corps entier est dans son dedans; ce *dedans* est donc à la fois érotique et digestif.«[11] So findet man auf der Leinwand auch das wieder, was man in der Küche produziert, wozu auch Abfall gehört: »Dans l'œuvre de Réquichot, tous les états de la substance alimentaire (ingérée, digérée, évacuée) sont présents: le cristallisé, le craquelé, le filandreux, la bouillie granuleuse, l'excrément séché, terreux, la moire huileuse, le chancre, l'éclaboussure, l'entraille.«[12] In den späten Collagen sind es ursprünglich materielle Dinge zum Essen, wie Patés, Koteletts, Erdbeeren, Würste. Und dann der Abfall, die Exkremente, das Überflüssige der Nahrung; jetzt verwahrlost, weil jenseits des Hungers, bestimmen sie die Szene.

Was Philippe Roger als strukturbildende Größe im Werk

Barthes' ausgemacht hat, nämlich die Spirale, wird von Barthes als elementares Zeichen der »écriture« Réquichots entdeckt. Die Dialektik der Spirale, so Barthes, besteht darin, daß auf ihrem Kreis, der ins Unendliche reicht, die Dinge wiederkehren, aber auf einem anderen Niveau: »il y a retour dans la différence, non ressassement dans l'identité« [13]. Die Spirale regelt die Dialektik des Vergangenen und des Neuen; sie zwingt einen nicht zu denken, daß alles schon gesagt oder nicht gesagt worden ist. Die Spiralkompositionen von Réquichot zeigen, indem sie sich wiederholen, ihre Verschiebungen. So schafft er mit dem neuen Zeichen der Spirale, – *»en train de se faire«*: »d'un mouvement, qui est celui de la main: dans l'écriture, la syntaxe, fondatrice de tout sens, est essentiellement la pesée du muscle – du méta-muscle« [14], eine neue Sprache, eine Kursivschrift des Nichtkontinuierlichen. Worin besteht nun die Bedeutung dieser immer wiederkehrenden Spirale?

»Le sens corporel de la spirale répétée, c'est que la main ne quitte jamais le papier jusqu'à ce qu'une certaine jouissance soit exténuée (le sens est déporté vers la figure générale: chaque dessin de Réquichot est nouveau).« [15] Wurde von Adorno in der *Ästhetischen Theorie* der Wahrheitsgehalt eines Kunstwerks an seiner Hermeneutik, Opazität, kurz, an seinem Rätselcharakter gemessen – »Das Rätselhafte der Kunstwerke ist ihr Abgebrochensein« [16] –, findet Barthes in der Auseinandersetzung mit den Werken Réquichots folgende Kategorie bestimmend: »l'écriture illisible« [17], die unlesbare Schrift. Barthes entdeckte auf einer Spiralkomposition von 1956, daß der letzte Teil der Spirale in einem Schriftzug endet, unleserlich wird. Réquichot steht damit, wie Barthes betont, gleichberechtigt neben so bedeutenden Semiographen wie Klee, Ernst, Michaux und Picasso. Bei Adorno kann man dazu lesen: »In jüngeren Debatten zumal über bildende Kunst ist der Begriff der écriture relevant geworden, angeregt wohl duch Blätter Klees, die einer gekritzelten Schrift sich nähern. Jene Kategorie der Moderne wirft als Scheinwerfer Licht über Vergangenes; alle Kunstwerke sind Schriften, nicht erst die, die als solche auftreten, und zwar hieroglyphenhafte, zu denen der Code verloren ward und zu deren Gehalt nicht zuletzt beiträgt, daß er fehlt. Sprache sind Kunstwerke nur als Schrift.«[18] An diesem Zitat Adornos läßt sich wiederum zeigen, wie verwandt die Positionen Barthes', Adornos und Derridas sind, wenn man sich der von mir eingangs zitierten Textpassage aus der *Grammatologie* von Derrida erinnert.

Noch ein letzter Blick auf Réquichot, der seine Malerei so beschrieben hat: »Mes peintures: on peut y trouver des cristaux, des branches, des grottes, des algues, des éponges [...].«[19] Für ihn war die spontane Wahrnehmung etwas Plurales; oft verwendete er die Lupe, nicht, um besser zu sehen, sondern um auf diese Weise neue Bilder zu entdecken. Ebensowenig – aufgrund der unendlichen Symbolik der Materie, die nie an ihrem Platz ist, weder an dem ihres Ursprungs noch an jenem ihres Gebrauchs – ist die Materie materialistisch, sondern vielmehr die Unendlichkeit ihrer Transformationen. Von daher versteht sich Réquichots Vorstellung von »méta-mental«: »le mental n'est que *le corps porté à un autre niveau de perception*«[20].

Réquichot oszilliert zwischen dem Amateur- und dem Künstlerstatus. Wie Barthes in *Über mich selbst* betont auch Réquichot die eigene Lust am Arbeiten; eine Scheu, die Sachen, die er produziert hat, zu zeigen, hält ihn von Ausstellungen fern. Réquichot: »Tout regard sur mes créations est une usurpation de ma pensée et de mon cœur [...]. Ce que je fais n'est pas fait pour être vu.«[21] Das erinnert an Benjamin, der von den Spuren, die die ungezählten Augen der Betrachter auf manchen Bildern hinterlassen, gesprochen hat.[22]

Als Maler der »jouissance« verfolgt Réquichot nach Barthes'

Überzeugung zwei Dinge: Zum einen vertieft er die Krise der Sprache, zerbricht die Denotation, zum anderen arbeitet er persönlich an der Bestimmung des Körpers in seiner Auflösung. Auch für Réquichot ist in der Vorstellung des »méta-mental« die Opposition zwischen »l'âme« und »chair«, Seele und Leib, aufgehoben. Barthes' Untersuchung des »grain de la voix« im romantischen Lied hat dasselbe Ziel verfolgt.

Nur jenseits vom Amateurstatus, wenn die reine Wollust aufhört, wenn das Imaginäre, der »Andere« und sein Diskurs durch das Publikum hinzukommen, formiert sich der Künstler. Und doch ist der auf die Leinwand überschriebene, unlesbare, stets verschobene, erotisierte Körper, mit dem Réquichot das Jenseits der Sprache erreichen wollte, jenen Körper also, der sich als Palimpsest präsentiert, stets auch ein verlorener. Das Unlesbare ist das, was verlorengegangen ist, die unmögliche Erinnerung. »On déterre dans les îles de Norvège, dit Chateaubriand, quelques urnes gravées de caractères indéchiffrables. A qui appartiennent ces cendres? Les vents n'en savent rien.«[23]

Die Schrift Japans

Im vorigen Kapitel war es notwendig, Barthes' *Die Lust am Text* im Zusammenhang mit »grain de la voix« und dem romantischen Lied zu betrachten, um veranschaulichen zu können, wie sich auf dem Feld der Stimme und der Musik das romantische Lied als »écriture«, als geschriebener Körper begreifen läßt. Nun erscheint es mir sinnvoll, sich der »écriture« von Cy Twombly zuzuwenden; ich gehe dabei von Barthes' Überlegungen in seinem Japan-Buch *Das Reich der Zeichen* aus.

Barthes vermerkt zu seinem Schreiben in diesem Buch: »Tandis que pour *L'empire des signes*, c'est tout différent: ici, je me suis donné la liberté d'entrer complètement dans le signifiant, c'est-à-dire d'écrire, même au sens stylistique dont nous parlions tout à l'heure, et notamment le droit d'écrire par fragments.«[24] Somit setzt sich im Japan-Buch die Entwicklung vom »Schreiberling« zum Schriftsteller fort, die in der *Lust am Text* ihren Anfang nahm, sich in den »Etüden« zu Schumann, über Réquichot und Twombly eigenständig abzeichnete (weshalb ich hier auch darauf eingehe) und in den »trois contes«[25] *Fragmente einer Sprache der Liebe*, *Die helle Kammer* und *Über mich selbst* vollends zur Entfaltung kommen wird.

In den kurzen Hinweisen zu Réquichot habe ich gezeigt, daß für Barthes die herkömmliche Aufteilung peinture/écriture fraglich geworden ist. Eine Tuschzeichnung im *Reich der Zeichen*, die die obere Hälfte des Blattes bedeckt, wird darunter von Barthes' Handschrift in französischer Sprache fortgesetzt: »Où commence l'écriture? Où commence la peinture?«[26]

Japan hat Barthes in die Situation der Schrift versetzt, »ihn mit vielfachen Blitzen erleuchtet«[27]. So wie Japan ihn ein aktives Leben und Schreiben zugleich gelehrt hat – Barthes denkt nicht an das abgeschlossene, fertige Schriftbild –, wird für Barthes das Werk von Cy Twombly zu einem Werk der Schrift, das mit Kalligraphie zu tun hat, verstanden als »champ *allusif*«[28], in dem das Schreiben zur Geste, zur Gebärde wird.

Diese Situation des Einschreibens, die beim Wahrnehmen eine Erschütterung des Sinns zur Folge haben kann, gilt gleichermaßen für die Begegnungen der »écriture« in Japan wie für die gestischen Bilder Cy Twomblys, denn: »Insgesamt ist die Schrift auf ihre Weise ein *Satori*: der Satori (das Zen-Erlebnis) ist ein mehr oder weniger starkes (durchaus nicht erhabenes) Erdbeben, das die Erkenntnis, das Subjekt ins Wanken bringt: er bewirkt eine *Leere in der Sprache*. Und eine solche Leere konstituiert auch die Schrift; von dieser Leere gehen die Züge aus, in denen der Zen in völliger Sinnbefreiung die Gärten, Gesten, Häuser, Blumengebinde, Gesichter und die Gewalt schreibt [...].«[29] Zur Leere der Zeichen macht Barthes in den *Entretiens* folgende Bemerkung: »Ils sont vides parce qu'ils ne renvoient pas à un signifié dernier, comme chez nous, hypostasié sous le nom de Dieu, de science, de raison, de loi, etc.«[30]

Die ständige Verschränkung und Verschiebung von Text und Bild, Photographie und Zeichnung im *Reich der Zeichen* verdeutlicht dieses oben angedeutete Wanken. Deren »visuelles Schwanken«[31] zeigt, wie die Signifikanten sich austauschen, in Körper, Gesicht und Schrift. Schrift wird Bild, das Bild Geschriebenes. Ein Dreizeiler Barthes',

»Pluie, Semence, Dissémination.
Trame, Tissu, Texte.
Écriture«[32],

von Hand mit Tinte gezeichnet, schreibt sich fort in dem Bild darunter: Zeichenkringel, Buchstaben in Vertikalen, an den Rändern äußerst filigran, überziehen einen breiten Fluß, der an den Ufern von einer dunklen Vegetation gesäumt wird.

Diesen Austausch der Signifikanten verfolgte Barthes schon im *Michelet*, praktiziert ihn mit Wollust im Japan-Buch und in *Über mich selbst* und zum letzten Mal in der *Hellen Kammer*. Diese Art des Schreibens, Texte der Lust zu produzieren, kommentiert er speziell in Hinblick auf *Das Reich der Zeichen*: »J'ai été heureux d'écrire ce texte. Il m'a permis de m'installer un peu plus dans cet espace hédoniste ou, pour mieux dire, érotique, du texte, de la lecture, du signifiant. Maintenant, je suis très tenté de poursuivre cette voie, d'écrire des textes de plaisir et d'inclure dans la théorie du texte une réflexion sur le plaisir du texte, sur la séduction. Il faudrait presque parler du *donjuanisme* du texte.«[33]

Mir geht es an dieser Stelle nicht um eine detaillierte Darstellung des Japan-Buches. Es sollen im folgenden lediglich strukturelle Gemeinsamkeiten der »écriture« der Bilder Cy Twomblys und des Haikus sowie der Aspekt des »signe vide« kurz beleuchtet werden.

Im Westen etwa ist der Spiegel ein bevorzugter Gegenstand des Narzißmus; im Osten dagegen ist er ein Zeichen für die Leere der Symbole. Barthes läßt einen Zen-Meister sprechen: »›Der Geist des vollkommenen Menschen‹, sagt ein Meister des Tao, ›ist wie ein Spiegel. Er hält nichts fest, aber er weist nichts ab. Er nimmt auf, aber er hält nicht.‹« [34]

Gemäß der buddhistischen Weisheit ist die Form Leere. Das verdeutlicht Barthes, indem er Japan als »écriture« entziffert, mit den Einschreibungen und Gesten des täglichen Lebens, der Nahrung – »la nourriture japonaise est polythéiste« [35] –, des Nô-Theaters, der Spielautomaten. Japan ist für ihn eine gigantische, aktive Lesearbeit. Die Leere der Zeichen, die keine Überfrachtung und Überdeterminierung kennt, keine Mißdeutung des »Schweigens« in den Haikus als Sprachfülle – diese Leere wirkt als Faszinosum: »Et ce qui me fascine là-bas, c'est que les systèmes de signes sont d'une virtuosité extraordinaire du point de vue de la subtilité, de l'élégance, de leur force aussi, pour être finalement vides.« [36]

Es macht die Lust am Haiku aus, daß jene Wege der Interpretation ihn nur verfehlen, die den Sinn zu durchdringen glauben, anstatt »ihn zu erschüttern und ausfallen zu lassen wie den Zahn des Absurditätenbeißers, welcher der Zen-Schüler angesichts seines *Koan* sein soll« [37]. Die einzig mögliche Lesearbeit läge darin, die Sprache des Haiku in der Schwebe zu halten, indem man, anstatt über ihn zu sprechen, ihn schlicht wiederholen würde. Der Absurditätenbeißer, der an einem Koan kaut, kommt einer Lösung nicht näher, wenn er dessen Sinn oder Unsinn erraten will, sondern einzig, wenn er kaut, »bis der Zahn ausfällt« [38].

Barthes hypostasiert solche Augenblicke, in denen die Sprache endet. Dieser »Schnitt ohne Echo«[39] liegt der Wahrheit des Zen und dem Haiku, dessen literarischem Zweig, zugrunde. Der Augenblick, der nichts anderes ist als eine Leerstelle, die die Herrschaft des Codes auslöscht, ist für Barthes »ein panischer Schwebezustand der Sprache«[40]. Das Schwebende, das Innehalten des Haiku, entzieht sich so jeglicher Vorstellung von Entwicklung und Dramatisierung. Nichts eskaliert, er ist matt, wie die geliebte »Jardin d'hiver«-Photographie in der *Hellen Kammer* matt, »plat« ist, keine ›Tiefe‹ hat, nicht weiterzuentwickeln ist. Es gibt kein »Dahinter«; es gibt nur die reine Tautologie, die für das Photo wie für den Haiku gleichermaßen gilt. Er ist geschrieben, um wieder geschrieben zu werden. Da kein Kommentar nötig ist, bleibt er in diesem Schwebezustand.

»Der Winterwind bläst.
Die Augen der Katzen
Blinzeln.«[41]

Wenn es das Ziel des Zen ist, die andauernden Symbolisierungszwänge anzuhalten, zu durchbrechen, da sie als Blockierungen erlebt werden, läuft die Beschränkung der Sprache im Haiku in dieselbe Richtung: »Die Richtigkeit des Haiku (der keineswegs ein exaktes Gemälde der Wirklichkeit ist, sondern die Angleichung von Signifikant und Signifikat) [...], diese Richtigkeit hat offensichtlich etwas Musikalisches (eine Musik des Sinns und nicht der Töne): Der Haiku hat die Reinheit, die Sphärenhaftigkeit und die Leere einer Note.«[42]

Der Satori, ein Erstaunen, das der Haiku auslöst, zeigt ein »Erwachen vor der Tatsache«, ein Ergriffensein von der Sache als Ereignis, »ein Berühren jenes äußersten Randes der Sprache«[43]. Nicht ein reicher Gedanke soll in eine kurze Form gegossen werden, sondern eine Episode in einem Zug die richtige Form finden, so wie die Alla-prima-Malerei auf Anhieb, ohne nachträgliche Korrekturen, gearbeitet hat, so wie der Strich Cy Twomblys. Das

Ereignis des Haiku läßt sich also nicht klassifizieren; es schrumpft zur bloßen Bezeichnung (die sich beim »punctum« der Photographie in der *Hellen Kammer* wiederholen wird). Der Haiku gleicht der Geste des kleinen Kindes, das mit dem ausgestreckten Zeigefinger auf alles mögliche zeigt und nur »da!« sagt: »*Es ist dies; es ist so*, sagt der Haiku, *es ist solches*. Oder besser noch: *Solches*!«[44] Der Blitz des Haiku enthüllt nichts.

Die »écriture« Cy Twomblys – das Linkische des Körpers

Auch die Bilder Cy Twomblys betrachtet Barthes unter dem Aspekt des Ereignisses. Das Ereignis wird als ein Werk der »écriture«, das Bild als eine Art Theater phänomenologisch strukturiert und erfaßt: Faktum (pragma), Zufall (tyche), Ausgang (telos), Überraschung (apodeston), Handlung (drama). Twombly ist ein Maler, der durch seine Gesten an der Kausalkette rüttelt, diese dann neu auswirft, bis sie ihren Sinn verliert. Barthes sieht die Schriftzüge Twomblys als kleine Satori an: »[...] ausgegangen von der Schrift (einem typischen Kausalfeld: man schreibt, sagt man, um zu kommunizieren), schicken sich nutzlose Splitter, die nicht einmal interpretierte Buchstaben sind, an, das aktive Sein der Schrift, das Gewebe ihrer Motivationen, selbst der ästhetischen, zu suspendieren: *die Schrift* findet nirgendwo mehr Unterkunft, sie ist absolut *überflüssig*.«[45]

So wie Mallarmé für Barthes an der Dekonstruktion des Satzes gearbeitet hat, arbeitet Twombly an der Dekonstruktion der Schrift. Seine Buchstaben gehören keinem graphischen Code mehr an. Sie sind zu entziffern als bloße Geste oder Zugabe. Keine Botschaft, kein Zeichen, das Einsicht wecken will, sondern die »*Gebärde*, die den ganzen Rest (die ›Zugabe‹) produziert, ohne eigentlich etwas produzieren zu wollen«[46]. Diese Geste macht Twombly sichtbar: »man schreibe«, so heißt der Appell dieses Werkes, das Barthes mit einem Buch voller Anmerkungen vergleicht, Kommentaren und Notizen. Diese erinnern an Kritzeleien von Kindern, wirken wie mit der »falschen« (gauche) Hand gezeichnet. Twombly produziert eine linkische Schreibweise, läßt sich vom Verlangen seiner Hand führen, von seinem Körper; er will die Bewegung zeigen, die zur Geste führt. Wie der Haiku sich der sicheren Klassifikation entzieht, weil er nicht im Modus der »signification« verbleibt, so bleibt auch das Geschriebene Twomblys flüchtig: »die Blume ist hingeschrieben worden, dann weggeschrieben; *geschrieben, entschrieben*; aber die beiden Eindrücke bleiben vag übereinandergelegt«[47].

Für Barthes entsteht auf diese Weise ein perverses Palimpsest: verschiedene Texte, die sich gegenseitig auszuwischen suchen, um dieses Ereignis sichtbar zu machen: das Erscheinende und Verschwindende. Das Papier, der »Untergrund«, ist schon Geschriebenes. Seine Rauheit und Holprigkeit, die Farbe, die schon im Papier ist, einem Graffiti gleich, wo der Hintergrund als Gegenstand schon gelebt hat, lassen das Geschriebene wie eine überflüssige Zugabe erscheinen.

Wie bereits Réquichot verneint auch Cy Twombly den gemalten Körper als Objekt des Begehrens. In Twomblys Kunst, die den »wichtigen«, »fleischigen«[48] Körper, die Haut und die Schleimhäute negiert, wird der Strich selbst zum Subjekt des Begehrens: »Was er sagt, ist der Körper, sofern er kratzt, streift oder gar kitzelt.«[49] Der Strich macht die Kraft lesbar, die »Spur seines Triebes«, er ist ein »energon«. Barthes' These, daß der Strich von Cy Twombly nicht nachzuahmen sei, besagt zugleich, daß letztlich der Körper Twomblys unnachahmlich ist. Kein Körper läßt sich auf einen anderen reduzieren. Darin zeigt sich die Fatalität im Werk Twomblys: »mein Körper wird niemals der deine sein«[50].

Gerade deshalb animiert die »écriture« Twomblys den Betrachter, macht ihn zum Mitproduzenten, schließt ihn in die Produktion ein: Er soll nicht das fertige Produkt kopieren, sondern der eigentlichen Strichführung, dem Duktus der Hand des Unbewußten folgen, um selbst die Hand kritzelnd über das Papier gleiten zu lassen. Diese Kritzeleien gehören nach Ansicht des englischen Psychoanalytikers Winnicott in die Kategorie des »playing«, nicht in die des »game«[51]. Es geht um die Bewegung, die Geste, die Aktion. Schon in der *Lust am Text* hat Barthes wiederholt, im Gefolge von Nietzsche, die Differenz, ja Opposition von Moral und Moralität betont: »*Moralität* muß als das genaue Gegenteil der Moral verstanden werden (es ist das Denken des Körpers im Zustand der Sprache).«[52] Nietzsche drückt dies so aus: »Das Genie sitzt im Instinkt, die Güte ebenfalls. Man handelt nur vollkommen, sofern man instinktiv handelt. Auch moralisch betrachtet ist alles Denken, das bewußt verläuft, eine bloße Tentative, zumeist das Widerspiel der Moral.«[53]

Die Moralität Twomblys sieht Barthes in der Weise am Werke, daß er jedesmal, wenn er produziert, das komponiert, was von der Kultur abgelehnt wird.

Sein Körper fordert insistierend das, was ausgespart wird: »untersagt-ersehnt: das ist das Paradigma, das zweibeinige, das den Künstler in Gang setzt«[54], wo der »Ort des Untersagten (inter-dit) [...] eben der Ort ist, an dem sich die Transparenz des klassischen Subjekts aufspaltet«[55].

Ein letzter Blick auf die »écriture« des Haiku und das Schaffen Cy Twomblys:

Wie Barthes den Haiku als einen literarischen Zweig des Zen-Buddhismus dargestellt hat, so schreibt sich Twombly in der Alla-prima-Malerei der Chinesen fort; eine Malweise, in welcher der Strich, wegen der Verletzlichkeit des Untergrundes, mit dem ersten Mal »stimmen« muß. »Alla prima«: die Schriftzüge Twomblys und die des Haiku finden ihre Form im ersten Wurf.

Das zweite verbindende Moment: Sowohl der Strich Twomblys als auch das momenthafte, einen Lidschlag lang eine Episode beleuchtende Haiku laufen auf kein Ziel hin, sind ohne Telos. Vielleicht rührt daher die Gewaltlosigkeit, die von den Bildern Twomblys ausgeht. Sie werden für Barthes bestimmt vom »Prinzip der delikatesse«, die weder moralisch noch kulturell ist, »sie ist ein Trieb (warum soll der Trieb eigentlich gewaltsam und grob sein?), *ein gewisser Anspruch des Körpers selber*«[56].

Die Moralität der Kunst von Twombly *»will nichts greifen;* sie hält sich, sie schwebt, sie treibt zwischen dem Begehren – das subtil die Hand beseelt – und der Höflichkeit, die ihm den Abschied gibt«[57]. Barthes verweist darauf, daß für diese Kunst nur jene ferne Referenz passend erscheint, die auch vom Haiku bevölkert wird. Twombly läßt in seinen Bildern dieses Schwebende, nicht zu Ergreifende entstehen: »Er produziert, ohne sich anzueignen.«[58]

Ein Schlüssel für die Kunst Twomblys liegt für Barthes in der Weisheit, nicht zuviel zu wollen. Er bezeichnet dieses Phänomen als »rarum«, was nur eine andere Metapher für die Leere des Zeichens ist. Diese diskrete Zurückhaltung in der Darstellung löst beim Betrachter Vergnügen aus, führt dazu, daß in ihm selbst die Diskurse zum Sprechen kommen. Durch den Augenblick der Überraschung, die das geschriebene Ereignis auslöst, sieht Barthes Twomblys Gemälde »den reinsten Zen-Geist treffen«[59]. Das Faszinosum des Intervalls, des Intermezzos, das die »écriture« Schumanns auszeichnete, begegnet einem bei Twombly in der Leichtigkeit, der Leere, dem »signe vide«. Diese bilden sich zusehends in Barthes' Schreiben ab, in einem fragmentarischen Schreiben, das in seinen Augen Improvisieren und Phantasieren vereint: »écrire le corps«.

III. Das Imaginäre

»Oser aimer«
Roland Barthes

Fragmente einer Sprache der Liebe

»Que sera mon travail de demain? Si j'essaie d'interroger mon désir – ce qui est la bonne mesure pour le travail –, je sais que là où je désire travailler, c'est le signifiant: je désire travailler *dans* le signifiant, je désire *écrire* (j'admets l'impureté un peu régressive du mot, je n'exclus pas ce qu'il peut y avoir d'ancien, disons de stylistique dans la conception de l'activité d'écriture). Autrement dit, ce qui vraiment me séduirait, ce serait d'écrire dans ce que j'ai appelé ›le romanesque sans le roman‹, le romanesque sans les personnages.«[1] Diese programmatische Charakterisierung des Schreibens von Barthes selbst läßt sich in den drei Erzählungen ohne Romanhelden, in den *Fragmenten*, in der *Hellen Kammer* und schließlich in *Über mich selbst*, präzise nachvollziehen.

In der *Lust am Text* war vor allem der Zusammenhang von Körper und Sprache relevant, nicht, wie in der Tradition der Hermeneutik etwa, der Zusammenhang von Sinn und Sprache. In seinen Arbeiten zur Musik, vor allem über die »écriture« des romantischen Liedes, wurde deutlich, wie die Beziehung von Körper und Sprache zu denken ist: Die Rauheit der Stimme (»le grain de la voix«) ist für Barthes die reine Materialität des Körpers. Diese ist nur dann verwirklicht, wenn das, was singt, ein »liebendes Subjekt« ist.

Um den Diskurs des »liebenden Subjekts«, um die Bejahung des anachronistischen, des einsam Liebenden, das Aufspüren der

Figuren, der Gebärden des bewegten oder ruhigen Körpers, darum geht es Barthes in den *Fragmenten*. Unter diesem Aspekt ist auch *La chambre claire* der Diskurs eines einsam Liebenden, unterwegs, das verlorene Bild der abwesenden, geliebten und begehrten Mutter wiederzufinden.

Barthes geht es also um die Vorstellung eines strukturalen Porträts, dergestalt, daß er die Ausdrucksweise der Inszenierung des Selbst als erinnerbares Bild begreift: »Le second argument est lié à mon travail sur le sujet amoureux. Ce sujet se développe principalement dans un registre que, depuis Lacan, on appelle l'imaginaire – et je me reconnais, moi, comme sujet de l'imaginaire: j'ai un rapport vivant à la littérature passée, parce que, justement, cette littérature me fournit des images, me fournit un bon rapport à l'image. [...] Le sujet imaginaire est un parent pauvre de ces structures-là parce qu'il n'est jamais ni tout à fait psychotique, ni tout à fait névrosé.«[2]

Aber nicht das, was das »liebende Subjekt« ist, wird einer Analyse unterzogen, sondern das, was es sagt. Im Sinne der »verbalen Halluzination«[3], wie Freud und Lacan es bezeichneten, geht es um das, was das Subjekt artikuliert und nicht sagt: »Artikuliert ist das Begehren, gerade weil es nicht artikulierbar ist.«[4] Barthes nennt dies »syntaktische Arie«[5]. Kennzeichnend für diesen einsamen Diskurs ist, daß eine kreisförmige Bewegung der Figuren im Kopf des Liebenden unaufhörlich stattfindet, ohne Logik hin- und herläuft (dis-cursus), kommt und geht; es sind Schritte, Verwicklungen außerhalb der Syntax; Satzbündel, Bruchstücke, steter Wechsel ohne ordnende Prinzipien.

Doch ist für Barthes dieser Diskurs nicht ohne Sinn: Durch den Druck der öffentlichen Meinung, mit dem sich der einsam Liebende konfrontiert sieht, wird er gezwungen, sich selbst im Sinne der herrschenden Moral zu bewerten oder zu entwerten. Da sich die vielfältigen Figuren des Diskurses untereinander nicht versöhnen können, ist für Barthes das »Null-Prinzip«, die alphabetische Ordnung, deren adäquater Spiegel. Die *Fragmente* ordnen die unversöhnlichen Figuren des Diskurses nach diesem Prinzip, wie in einem Lexikon.

Die Ankündigung Barthes', »Es ist also ein Liebender, der hier spricht und sagt«[6], führt zu der zentralen Frage, welches »Ich« in den *Fragmenten* spricht: »Le *je* qui ›renonce à l'interprétation‹ est bien le même qui ne peut s'écrire: ›Je ne puis *m'écrire*. Quel est ce moi qui s'écrirait?‹ C'est dire aussi que le *je* ›intraitable‹ est quand même, ici, le lieu d'un compromis: écrivant, il va sacrifier, il a sacrifié ›un peu‹ de son Imaginaire. Le *je* de *Fragments* [...] *est un peu moins* amoureux que le *je* qui soliloque.«[7]

In den *Fragmenten* praktiziert Barthes eine Schreibweise, die seinen Überlegungen in *Die Lust am Text* nahekommt, etwas aus einem Verlangen heraus zu schreiben und gleichzeitig eine Theorie der Textlust zu entfalten: »dann ist es immer nur ein ›wandelnder Widerspruch‹: ein gespaltenes Subjekt, das im Text sowohl die Beständigkeit seines *Ich* als auch seines Sturzes genießt«[8]. Barthes' »je ne puis m'écrire« bezeichnet jenen Augenblick der Lust am Text, »wo mein Körper seinen eigenen Ideen folgt – denn mein Körper hat nicht dieselben Ideen wie ich«[9].

Freud beschreibt diese Spaltung in *Das Ich und das Es* verblüffend einfach: »Wir haben im Ich selbst etwas gefunden, was auch unbewußt ist, sich gerade so benimmt wie das Verdrängte, das heißt starke Wirkungen äußert, ohne sich selbst bewußt zu werden.«[10] Deshalb kann auch dieses Sprechen in den *Fragmenten*, oszillierend zwischen Lust und Wollust, sich hin- und herbewegen: »was ›passiert‹, was ›entschwindet‹, die Kluft der beiden Seiten, der Zwischenraum der Wollust, geschieht im Volumen der Sprachen, in der Art des Aussagens, nicht in der Folge des Ausgesagten«[11].

Figuren der Liebe spürte Barthes vor allem in Goethes *Werther* auf, mit dem er sich an der École Pratique des Hautes Études zwei Jahre lang beschäftigte, aber auch im *Symposion* von Plato und in Prousts *A la recherche du temps perdu*, in Schriften der Mystiker, vor allem bei Ruysbroeck, in romantischen Texten und Liedern, Haikus und Koans. Ich werde einige Figuren aus dem *Symposion* und dem *Werther* vorstellen, um die filigrane Konstruktion der *Fragmente* zu verdeutlichen.

»Klatsch« – Symposion

Barthes greift aus Platos *Symposion* sprachliche Figuren der Liebe heraus, er pflückt sie, reiht sie aneinander und ordnet sie den einzelnen, von ihm eröffneten Sprachszenen zu. Der Text Platos wird zu einem feinmaschigen Netz, in welchem sich Bruchstücke, Bilder, Figuren der Liebe verfangen. Diese stöbert Barthes auf, holt sie ans Tageslicht.

Unter dem Buchstaben »K« in den *Fragmenten* stoßen wir auf die Sprachfigur »Klatsch« (potin). Nach Barthes ist es für den Liebenden schmerzlich, zu erfahren, daß das Liebesobjekt in Klatsch verwickelt ist, d.h., wenn er »von ihm auf gewöhnliche Weise sprechen hört«[12]. Die ersten Szenen des *Symposion* sind nichts anderes als solche Klatschszenen, da nicht, wie in einer Unterhaltung, über eine Frage diskutiert, sondern unter- und miteinander über andere gesprochen wird: »So entsteht die Theorie der Liebe: aus Zufall, Langeweile, aus Lust an der Unterhaltung oder, wenn man das vorzieht, aus einem drei Kilometer langen *Klatsch*.«[13] Der gesamte Dialog des *Symposion* ist nach Barthes aus einem »Klatsch«-Bedürfnis entstanden. Glaukon, so die Eröffnungsszene des *Symposion*, trifft Apollodoros, der wiederum von Aristodemos weiß, da jener beim Gastmahl zugegen war, daß er erzählen konnte, was sich damals zugetragen hatte:

»Aber wer hat dir davon erzählt? Etwa Sokrates selbst? – Nein, beim Zeus, sagte ich, sondern derselbe, von dem es auch Phoinix hat; es war nämlich ein gewisser Aristodemos, ein Kydathenaier, ein kleiner Mensch, immer unbeschuht, der war bei der Gesellschaft zugegen gewesen und einer der eifrigsten Verehrer des Sokrates zu damaliger Zeit, wie mich dünkt. Indes, auch den Sokrates habe ich schon nach einigem gefragt, was ich von jenem gehört hatte, und er hat es mir gerade so bestätigt, wie jener es erzählte. – Wie nun, sprach er, willst du es mir nicht erzählen? Zumal auch der Weg nach der Stadt so gut geeignet ist, im Gehen zu reden und zu hören. – So gingen wir also und sprachen darüber [...].«[14]

Barthes weist darauf hin, daß zwei Formen von Linguistik im *Symposion* sichtbar werden: Die erste entspreche einer Linguistik der »Konversation«, des partnerbezogenen Gesprächs, die Redner sprechen *»von Bild zu Bild, von Platz zu Platz«*[15]. Die Anordnung der Lager spielt eine wichtige Rolle. Die zweite Form der Linguistik bezöge sich darauf, daß in diesem Miteinandersprechen eingeschlossen wäre, auch über andere zu sprechen. Wenn die Gesprächspartner über ihren Gegenstand der Unterhaltung, die Liebe, sprechen, so reden sie gleichzeitig, zumindest indirekt, auch über ihre Liebesbeziehungen untereinander: »so sprechen Glaukon und Apollodoros eigentlich über Sokrates und Alkibiades und ihre Freunde: das ›Subjekt‹, das Thema, tritt durch den Klatsch zutage«[16].

Ich verweise auf zwei Textstellen bei Platon, um Barthes' Thesen zu stützen. Sofort zu Beginn des Gelages, als die Trinkgenossen, bis auf Sokrates, der im Vorhof des Nachbarn noch verweilt, ihre Plätze eingenommen haben, rückt Agathon nervös auf seinem Platz hin und her, voller Ungeduld dem Eintreffen des Sokrates entgegenfiebernd. Wie wichtig ihm die Nähe des Sokrates ist, wird bei Plato unmißverständlich deutlich: »Agathon also, der zuunterst allein gelegen, habe gesagt: Hierher, Sokrates, lege dich zu mir, damit ich durch deine Nähe auch mein Teil bekomme von der Weisheit, die sich dir dort gestellt hat im Vorhofe.« [17]

In einer weiteren Szene, in der der polternde und angetrunkene Alkibiades zu später Stunde erscheint, werden die beiden von Barthes herausgestellten Momente deutlich: die Bedeutung des Platzes und die herablassenden Äußerungen, die Alkibiades und Sokrates sich gegenseitig, aus eifersüchtiger Liebe, an den Kopf werfen. Im *Symposion* heißt es:

»Und nun sei er gekommen, von den Leuten geführt, und habe sogleich die Bänder abgenommen, um den Agathon zu umwinden, den Sokrates aber, obschon er ihn vor Augen hatte, doch nicht gesehen, sondern sich neben den Agathon gesetzt, zwischen Sokrates und ihn, denn Sokrates sei etwas abgerückt, damit jener sich setzen könne. Nachdem er sich nun gesetzt, habe er den Agathon begrüßt und bekränzt. – Und Agathon habe gesagt: Leute, entschuht den Alkibiades, daß er hier zu dreien liegen kann. – Schön, habe Alkibiades gesagt, aber wer ist uns denn hier der dritte Mittrinker? Und nun habe er sich herumgewendet und den Sokrates erblickt. Und als er ihn erkannt, sei er aufgesprungen und habe ausgerufen: O Herakles! was ist nun das? Du, Sokrates, liegst du mir auch hier schon wieder auf der Lauer, wie du mir immer pflegst plötzlich zu erscheinen, wo ich am wenigsten glaube, daß du sein wirst? Wieso bist du nun auch da? Und warum liegst du gerade hier? Nicht etwa beim Aristophanes oder wer sonst hier der lustige ist und auch sein will, sondern hast es wieder so ausgesonnen, daß du neben dem schönsten von allen hier zu liegen kommst! – Da habe Sokrates gesagt: Agathon, sieh zu, ob du mir beistehen willst! Denn dieses Menschen Liebe hat mir schon zu gar nicht wenigem Verdruß gereicht. Denn seit der Zeit, daß ich mich in diesen verliebt, darf ich nun gar nicht mehr irgendeinen Schönen ansehen und mit einem reden, oder er ist gleich eifersüchtig und neidisch, stellt wunderliche Dinge an und schimpft, und kaum, daß er nicht Hand an mich legt.« [18]

Der Klatsch reduziert den anderen. Sokrates spricht nur noch in der dritten Person von Alkibiades, für Barthes das »Pronomen der Unperson« [19], denn »es rückt fern, es erklärt für nichtig« [20], setzt das liebende Subjekt herab.

Eine weitere Figur, die Barthes aufspürt, ist der »Fehler« (faute). Er umschreibt diese Figur in den *Fragmenten* so: Ich ziehe Schuld auf mich, bin fehlerhaft, wenn ich mir einbilde, das geliebte Wesen verletzt zu haben. Das ist zum Beispiel dann der Fall, wenn ich mich zu einer »Geste der Unabhängigkeit«[21] aufschwinge, um die Fesseln zu lockern, was dann prompt Schuldgefühle weckt. Diesen Augenblick der Angst, daß ich eine Handlung ausführe, von der ich annehme, daß sie vom geliebten anderen nicht positiv aufgenommen wird, sieht Barthes im *Symposion* in der Rede des Phaidros formuliert, der als erster der Runde mit seiner Lobpreisung des Eros an der Reihe ist. Phaidros besingt den Eros als den ältesten und größten aller Götter, der als höchstes Gut die Beziehung zwischen einem Jüngling und seinem Liebhaber ausfüllt.[22] Das Denken und Handeln unter dem Stern des Eros wird geleitet von der »Scham vor dem Schändlichen und dem Bestreben nach dem Schönen«[23]. Und worin besteht für Plato das Schändliche? »Ich behaupte nämlich, daß einem Manne, welcher liebt, wenn er dabei betroffen würde, daß er etwas Schändliches entweder täte oder aus Unmännlichkeit ohne Gegenwehr von einem anderen erduldete, weder von seinem Vater gesehen zu werden soviel Schmerz verursachen würde, noch von seinen Freunden, noch von sonst irgend jemand als von seinem Liebling.«[24]

Der Blick des geliebten anderen entblößt ihn, ertappt ihn bei einem verwerflichen »Fehler«: Das subjektive Gefühl, den anderen verletzt zu haben, die Angst, ihn zu verlieren, wird »durch seinen Doppelgänger angestachelt, die Schuld«[25]. Barthes bezieht sich auf Nietzsche, der darauf hingewiesen hat, daß jeder Schmerz und jedes Unglück durch eine Idee der Schuld, des Fehlers verfälscht wird: »Man hat den Schmerz um seine Unschuld betrogen.«[26]

Auch die »Entstellung« (altération), eine weitere Sprachfigur der Liebe, geschieht unter dem Primat des verdinglichenden Blikkes des anderen. So wie der junge Genet beim Stehlen von jemandem ertappt wird, dessen Blick ihm nichts anderes sagt als: »Du bist ein Dieb!« »Unter diesem Blick kommt das Kind wieder zu sich.« [27]

In der Liebe kann sich das gute Bild des geliebten Wesens durch geringe Zwischenfälle, unscheinbare Gesten, durch ein Wort oder einen Blick in ein Gegenbild verkehren: Es wird entstellt. Für Barthes tritt die »Entstellung« des Bildes ein, weil ich mich vor dem geliebten anderen schäme, befürchte, seinem positiven Bild von mir nicht zu entsprechen: »die Angst vor dieser Scham hielt, wie Phaidros sagt, die griechischen Liebenden auf dem Pfade des Guten, weil jeder sein eigenes Bild unterm kritischen Blick des anderen zu überwachen hatte« [28]. Schon bei Plato heißt es: »dasselbe sehen wir von dem Geliebten, daß er sich vorzüglich vor den Liebhabern schämt, wenn er bei etwas Schlechtem gesehen wird« [29].

Unter dem Stichwort »Vereinigung« (union) greift Barthes verschiedene Sprachszenen auf: einmal die »genußbringende Vereinigung« [30], ich besitze den anderen, bin am Ziel all meiner Hoffnungen, erlebe diese »einzige und einfache Lust« [31]; dann das Bild des Zwitters in der antiken Mythologie, auf das sich der Satz von Ronsard – »An ihre Hälfte hefte ich meine Hälfte« [32] – bezieht. Zeus ließ den Menschen halbieren, »wie wenn man Früchte zerschneidet« [33], um ihnen ihre Hybris auszutreiben, ihre Zerschnittenheit vor Augen zu führen; sie sollten sittsamer werden. »Verstehen« (comprendre): das ist für Barthes die Figur, in der ich mich abmühe, mich anstrenge, wissen will, analysieren will, was einen zerschneidet. »Jeder von uns ist also ein Stück von einem Menschen, da wir ja zerschnitten, wie die Schollen, aus einem zwei geworden sind. Also sucht nun immer jedes sein anderes Stück.« [34] Dieses Suchen währt ewig. Das Begehren, als unendliche Größe, Motor der Gespaltenheit des Subjekts, ist – wie Alain Finkielkraut zu Recht behauptet – kein Hunger, der je zu stillen wäre.[35]

»Begehrt ihr etwa dieses, soviel wie möglich zusammenzusein, daß ihr euch Tag und Nacht nicht verlassen dürftet? Denn wenn das euer Begehren ist: so will ich euch zusammenschmelzen und in eins zusammenschweißen, so daß ihr statt zweier einer seid«[36], so sprach Hephaistos mit seinen Werkzeugen in der Hand. Da der Mensch die Erinnerung besitzt, als einziges, ganzes Wesen existiert zu haben, wirkt sie als Movens: »und dies Verlangen eben und Trachten nach dem Ganzen heißt Liebe«[37]. Barthes' paradoxe Kommentierung, »die Begierde ist, wenn einem fehlt, was man hat – und wenn man gibt, was man nicht hat«[38], berührt im Kern Fragestellungen, die sowohl im Denken von Levinas als auch bei Lacan Thema werden.[39] Während Levinas die Begierde als Angelpunkt der Ethik versteht, ist das Begehren für Lacan der fundamentale Mangel an Sein und darum Ausdruck der Spaltung des Subjekts.

Levinas beschreibt in *Totalité et Infini* die Vorstellung der Liebe, wie wir sie dem Mythos des Aristophanes entnommen haben, als »l'aventure comme un retour à soi«[40]. Doch für ihn geht die Wollust im Bedürfnis (besoin), das zu stillen ist, nicht auf. Das Begehren wird verstanden als »mouvement sans cesse relancé, mouvement sans terme vers un futur, jamais assez futur«[41].

»Die Liebkosung ist die Erwartung dieser reinen Zukunft, dieser Zukunft ohne Inhalt. Sie ist gebildet aus dieser Steigerung des Hungers, aus immer reicheren Verheißungen, die neue Perspektiven auf das Unergreifbare eröffnen. Sie nährt sich von unzählbaren Hungern.«[42] Es ist ein Spiel mit etwas, das stets entgleitet, das nicht weiß, was es sucht. Da das Antlitz des anderen das ist, was nicht die Beute eines Photojägers werden kann[43], entzieht es sich der Berührung, dem »Kennen« und »Erkennen«: »Mais l'amour va aussi au delà de l'aimé.«[44]

Auch für Lacan, auf den ich im Zusammenhang des Kapitels über *La chambre claire*, in dem der Kontext von Bild/Blick/Begehren relevant wird, noch ausführlicher eingehen werde, entspricht das Begehren jener Differenz, ist es dieses Zwischen, das weder im »Appetit auf Befriedigung« noch im »Anspruch auf Liebe«[45] aufgeht: »es ist die Quelle, die fundamentale Einführung der Phantasie (fantasme) als solcher«[46].

Eine Sprachfigur möchte ich mit Barthes aus dem *Symposion* zum Schluß herausgreifen: »Zueignung« (dédicace).

Agathon spricht nach Phaidros und weist diesen darauf hin, daß er diese Rede zu Ehren des Gottes dargebracht habe, »teils Spiel enthaltend, teils auch ziemlichen Ernst«[47]. Hier wird die Rede zu einem Geschenk. Barthes schreibt, daß man Sprache zwar nicht schenken kann, aber ich kann sie dem geliebten Wesen zueignen, widmen. Eine Steigerung erfährt diese Zueignung, wenn die Sprache der Zueignung in einer poetischen Geste, d. h. in gebundener bzw. gesungener Form, als Hymnus sich erfüllt: »L'amour est muet, dit Novalis; seule la poésie le fait parler.«[48] Das, was ich im Gesang gebe, ist für Barthes zugleich mein Körper (durch die Stimme) und die Stummheit, mit der das geliebte Wesen mich schlägt.

In der Rede des Sokrates schließlich, die als Höhepunkt die Gesprächsrunde im *Symposion* abschließt, wird Lieben so verstanden, als »viel schöne und herrliche Reden und Gedanken erzeugen in unangemessenem Streben nach Weisheit«[49]. D.h., daß Sokrates, der raffinierterweise das wiedergibt, was Diotima ihm »eingegeben« hat, an eine Möglichkeit der Sublimierung der Liebe glaubt: an den stufenlosen Aufstieg von den schönen Körpern über die schönen Seelen zur Idee des Schönen selbst. Die Verlockung, auf diesem Weg als Dichter und Künstler, durch die

Erzeugung aus dem Geiste, Unsterblichkeit zu erlangen, lobpreist Sokrates verständlicherweise gegenüber jenem Weg, der Unsterblichkeit durch Kinderzeugen verspricht.

Für Barthes ist es offensichtlich, daß das »Schreiben«, eine »Schöpfung«, nur eine Sackgasse, eine Illusion bietet, um das Liebesgefühl zum Ausdruck zu bringen. Denn die Sprache des Imaginären wäre die Utopie der Sprache: »Wissen, daß man nicht für den anderen schreibt, wissen, daß diese Dinge, die ich schreibe, mir nie die Liebe dessen eintragen werden, den ich liebe [...], daß es eben *da, wo du nicht bist,* ist – das ist der Anfang des Schreibens.«[50]

»Mit blaßroten Schleifen«

Goethes *Werther* ist ein Text, in dem ein gewisser Typus des Liebenden und dessen Code in einer bestimmten historischen Situation gezeichnet worden sind. Und doch gelingt es Barthes, sich mit diesem inaktuellen, romantischen Diskurs der Liebe, dem Prototyp der unerfüllten Liebessehnsucht, zu identifizieren[51]; die Sprache allerdings, die für Barthes noch möglich ist, ist im Gegensatz zu der des *Werther* eine fragmentarische, zerstückelte. Die Figuren werden in ihren Obsessionen begleitet, in den bedrängenden Bildern, die sie bevölkern. Insofern schreibt Barthes einen Roman, eine Geschichte, »un roman sans romanesque«; nicht mehr im Zentrum der Protagonisten, nur in ihrer Atopik, kann sich der Körper schreiben.

Im Zentrum der Auseinandersetzung Barthes' mit dem *Werther* steht jene Szene, in der Werther zum ersten Mal Lotte, die ihm schon als »schönes Frauenzimmer«[52] gepriesen wurde, beim Brotlaibschneiden erblickt: »Ich ging durch den Hof nach dem wohlgebauten Hause, und da ich die vorliegenden Treppen hinaufgestiegen war und in die Tür trat, fiel mir das reizendste

Schauspiel in die Augen, das ich je gesehen habe. In dem Vorsaale wimmelten sechs Kinder von elf zu zwei Jahren um ein Mädchen von schöner Gestalt, mittlerer Größe, die ein simples weißes Kleid mit blaßroten Schleifen an Arm und Brust anhatte. Sie hielt ein schwarzes Brot und schnitt ihren Kleinen ringsherum jedem sein Stück nach Proportion ihres Alters und Appetits ab.«[53] Barthes' These ist die, daß Werther, der Liebende überhaupt, sich in ein Bild der geliebten Person verliebt. Für Barthes lüftet sich der Vorhang, hinter welchem das ersehnte Bild in Erscheinung tritt. Auch Werther sprach von dem »reizendsten Schauspiel«[54] seines Lebens.

»Ich bin von einem Bild fasziniert«[55], hingerissen, irgendwie betäubt. »Hingerissenheit« (ravissement) lautet die Sprachfigur Barthes' zu diesem Komplex. Liebe auf den ersten Blick gleicht der Hypnose.

Freud verweist in der Schrift *Massenpsychologie und Ich-Analyse* auf den engen Zusammenhang von Verliebtheit und Hypnose.[56] Wird in der schwärmerischen Liebe das idealisierte Objekt immer wertvoller, großartiger, das Ich bescheidener, ja vom Objekt geradezu aufgezehrt, kann man feststellen: *»Das Objekt hat sich an die Stelle des Ich-Ideals gesetzt.«*[57] Dieselbe Unterwerfung und Hörigkeit, die der Liebende gegenüber dem geliebten Objekt zeigt, wird auch bei der Hypnose, gegenüber dem Hypnotiseur, deutlich. So wie sich also bei der Verliebtheit das geliebte Objekt an die Stelle des Ich-Ideals setzt, tritt in der Hypnose der Hypnotiseur an die Stelle des Ich-Ideals. Ein feiner Unterschied wird von Freud betont: »Die hypnotische Beziehung ist eine uneingeschränkte verliebte Hingabe bei Ausschluß sexueller Befriedigung, während eine solche bei der Verliebtheit doch nur zeitweilig zurückgeschoben ist und als spätere Zielmöglichkeit im Hintergrunde verbleibt.«[58]

Der »Dämmerzustand«[59], der der Hypnose vorausgeht, wird

im *Werther* eindringlich beschrieben. Werthers Zeitvertreib in Wahlheim besteht vor allem in der Lektüre Homers, dem Pflükken von Zuckererbsen und ihrer Zubereitung: Das alles erfüllt ihn, gleich einer »stillen wahren Empfindung«[60]. Aus dieser Leere und Langeweile entspringt die Erwartung, die Begierde: »ich verliebe mich nicht, wenn es mich nicht vorher danach verlangt hätte«[61].

Ich verliebe mich also entweder in ein Bild als ganzes, so wie Werther im Türrahmen Lotte erblickt, scharf in den Umrissen, wie ein photographisches Bild, oder in einzelne Gesten, Blicke, die Farbe der Augen, den Ton der Stimme, eine gewisse Pose, das Rot der Lippen. Das macht Barthes in den *Fragmenten* deutlich: Entweder liebe ich das Bild als ganzes und verschlinge es, oder aber ich benehme mich wie der Fetischist und verliebe mich z.B. wie Werther in die »fleischfarbene Schleife«[62] Lottes. Auch Werthers Liebe oszilliert also zwischen diesen beiden Modalitäten.

Verliebe ich mich in ein Bild, das mir gegenübertritt, so wird dieser Vorgang noch prononcierter, wenn sich »das Bild des Körpers *in einer Situation*«[63], einer banalen Tätigkeit und Arbeit – Lotte schnitt Brot – befindet. Das erhöht die *»Unschuld des Bildes«*[64], macht die eigentliche Überraschung aus. »Dennoch, je deutlicher ich die Besonderheit meiner Begierde erlebe, um so weniger kann ich sie benennen; [...] das Eigentümliche der Begierde kann nur die Uneigentlichkeit der Aussage hervorbringen«[65], so präzisiert Barthes in der Figur »Anbetungswürdig!« (Adorable!) die Schwierigkeiten, die das liebende Subjekt erfährt, wenn der Übergang aus dem Reich des Imaginären in das Symbolische vollzogen wird: wenn das Begehren Sprache wird.

Lacan macht deutlich, daß das Begehren vor der Sprache »nur auf der einzigen Ebene der imaginären Beziehungen des Spiegelstadiums, projiziert, entfremdet im anderen«[66] existiert. So trifft Werther in seiner ersten Zeit in Wahlheim auf einen jungen Bauernburschen, der ihm von seiner Liebe zu einer Frau, einer Witwe, erzählt, bei der er in Diensten ist. Diese Geschichte fällt in die Phase Werthers, in der er sich die Zeit mit Homer und Zuckererbsen vertreibt, und stürzt ihn in Verzückung und höchste Verwirrung: »Ich hab' in meinem Leben die dringende Begierde und das heiße sehnliche Verlangen nicht in dieser Reinheit gesehen«, gesteht er Wilhelm und betont, daß die »innerste Seele glüht, und daß mich das Bild dieser Treue und Zärtlichkeit überall verfolgt«[67].

Barthes zeigt in der Figur »Induktion« (induction), daß keine Liebe originell ist. Die Geschichte des Bauernburschen also führte zu dieser »Gefühlsansteckung« bei Werther, stachelte ihn an, provozierte sein Begehren. Kurz darauf verliebt sich Werther in Lotte, wobei er auf dem Weg zu Lotte nochmals, in der Kutsche, von einer Freundin gelockt wird: »Sie werden ein schönes Frauenzimmer kennenlernen.«[68] Doch mit dem lockenden Zeigefinger dieser Freundin, der auf das zu begehrende Objekt weist, reckt sich ineins der erhobene Zeigefinger des Verbots: »Nehmen Sie sich in acht, versetzte die Base, daß Sie sich nicht verlieben! – Wieso? sagte ich. – Sie ist schon vergeben.«[69]

Barthes kommentiert diese Szene so: »Um dir zu zeigen, wo dein Begehren liegt, genügt es, es dir *ein wenig* zu verbieten [...].«[70] Schon der französische Moralist La Rochefoucauld faßte dies in einer seiner Maximen folgendermaßen zusammen: »Es gibt Menschen, die nie verliebt gewesen wären, wenn sie nicht irgendwann einmal von der Liebe hätten sprechen hören.«[71] Die Induktion, die »Gefühlsansteckung«, ist die Folge von Identifikationsprozessen. Werther identifiziert sich mit dem Bauernburschen, dann mit Albrecht oder, später, mit dem Narren. Werther imaginiert, daß er in der Struktur der Liebesbeziehung dieselbe Position einnimmt wie Heinrich zu Lotte: »[...] weil Heinrich und ich denselben Platz einnehmen, identifiziere ich mich nicht nur mit Heinrichs Platz, sondern auch mit seinem Bild.«[72] Die Identifikation verläuft entweder nach dem Gesetz der Analogie im Imaginären oder nach jenem der Homologie im Symbolischen. In der Figur »Identifizierungen« (identifications) schreibt Barthes dazu: »Ich verschlinge jedes Netz aus Liebesbeziehungen mit den Augen und versuche darin den Platz ausfindig zu machen, der mir zukäme [...]. Ich konstatiere nicht Analogien, sondern Homologien: [...] alles, was man mir von Y [...] berichtet, betrifft mich aufs lebhafteste, obwohl seine Person mir gleichgültig, ja sogar unbekannt ist.«[73] Die Lektüre des *Werther* führte bei Erscheinen des Werkes zu massenhaften Identifizierungen der Leser mit dieser Gestalt. Eine Welle von Selbstmorden wurde ausgelöst, man sprach vom sogenannten »Werther-Fieber«. Die Identifizierung schloß die Kleidung nicht aus: Blauer Frack und gelbe Weste, das Werther-Kostüm, das er trug, als er sich in Lotte verliebte, und in welchem er beerdigt wurde, waren ein Modehit.

In den Sprachfiguren »Liebeserklärung« (déclaration), »Ich-liebe-dich« (je-t'-aime) und vor allem in »Abwesenheit« (absence) versucht Barthes, dem Begehren, wie es aus dem Register des Imaginären in jenes des Symbolischen wechselt, nachzugehen. Möchte ich für mein Begehren Worte finden, verausgabe ich mich, spreche ich ohne Ziel: »Meine Sprache zittert vor Begierde«[74], ich wickle den anderen in meine Worte, meine Sprache ein. Die oft wiederholte Äußerung, das »Ich-liebe-Dich«, bietet nach Barthes keine weitere Information als die unmittelbare Äußerung, es ist eine Äußerung, die unvorhersehbar und nicht zu unterdrücken ist, es ist keine Metapher für irgend etwas – ohne Anderswo –, es ist stellenlos-unbestimmt, kein Satz, sondern nach Lacan eine Holophrase.[75]

Für Luce Irigaray ist das Sprechen des »Ich-liebe-Dich« ein Sprechen, welches die Männer seit Jahrhunderten sprechen, »durch unsere Körper hindurch, über unsere Köpfe hinweg«[76].

»So z. B.: *ich liebe dich* richtet sich normalerweise oder üblicherweise an ein Rätsel: ein Anderes. Einen anderen Körper, ein anderes Geschlecht. Ich liebe dich: ich weiß nicht sehr genau wen, noch sehr genau was. Ich liebe zerfließt, verströmt, ertrinkt, verbrennt, verliert sich im Abgrund.«[77] In Barthes *Fragmenten* wird die Begierde im Sprechen des Satzes weder verdrängt, noch anerkannt: »Was ich hartnäckig will, ist: *das Wort bekommen*.«[78] Werther betrachtet die Worte, die Lotte beim Abschiednehmen zu ihm sagte, wie Geschenke, wertvolle Kleinodien. Nachts vor dem Schlafengehen wiederholt er sie: »Gestern, als ich wegging, reichte sie mir die Hand und sagte: Adieu, lieber Werther! – Lieber Werther! Es war das erstemal, daß sie mich Lieber hieß, und es ging mir durch Mark und Bein. Ich habe es mir hundertmal wiederholt.«[79] Worte werden Geschenke, wie Sokrates am Ende des *Symposion* die Rede als eine Gabe an die Götter verstanden hatte.[80] Letztlich hallen die geliebte Stimme und ihr Klang als Organe des Imaginären in Werther nach, sprechen in ihm fort.

In »Anbetungswürdig!« (adorable!) präzisiert Barthes das Bemühen der Sprache: »Von Wort zu Wort mühe ich mich ab, von meinem Bild das Gleiche anders zu sagen, das Eigentliche meiner Begierde uneigentlicher [...].«[81] Es geht darum, die Tautologie anzuerkennen: Werther liebt Lotte, weil er sie liebt. Doch außerhalb der Tautologie ist das Sprechen immer gerichtet; der Diskurs des Liebenden wendet sich an das ganz Andere.

Barthes weist darauf hin, daß die klassische Figur der »Abwesenheit« des geliebten Subjekts im *Werther* nicht auftaucht, da, historisch gesehen, der Diskurs der Abwesenheit von der Frau gehalten wird. Andererseits lese ich die Reden, Monologe, Tagträume, Briefe, Spinnereien, kurz, den Text *Werther* als einen Diskurs, der aus der Abwesenheit des geliebten Objekts, der Unerreichbarkeit und Ferne Lottes, gehalten wird. »Die Sprache erwächst aus der Abwesenheit«[82], es ist die Figur der Entbehrung.

»Umsonst strecke ich meine Arme nach ihr aus, morgens, wenn ich von schweren Träumen aufdämmere, vergebens suche ich sie nachts in meinem Bette, wenn mich ein glücklicher unschuldiger Traum getäuscht hat, als säß' ich neben ihr auf der Wiese und hielt' ihre Hand und deckte sie mit tausend Küssen. Ach, wenn ich dann noch halb im Taumel des Schlafes nach ihr tappe und drüber mich ermuntere – ein Strom von Tränen bricht aus meinem gepreßten Herzen, und ich weine trostlos einer finstern Zukunft entgegen.«[83] Das Quälende am Verlangen ist dies, daß ich in einem begehre und brauche: »Da sind die zum Himmel *erhobenen Arme der Begierde* und die *ausgestreckten Arme des Bedürfnisses*.«[84] Zwar begegnet Werther fast täglich Lotte, sie ist real präsent, doch ist Werthers Begierde, sein unermüdlicher Hunger nicht zu stillen.

An Werther wird deutlich, in welchem Maße durch die Abwesenheit des anderen die Selbstentwertung des Liebenden voranschreitet. »Ich habe soviel, und die Empfindung an ihr verschlingt alles, ich habe soviel, und ohne sie wird mir alles zu nichts.«[85] Und ein paar Tage später steht geschrieben: »Und dies Herz ist jetzt tot, aus ihm fließen keine Entzückungen mehr, meine Augen sind trocken, und meine Sinne, die nicht mehr von erquickenden Tränen gelabt werden, ziehen ängstlich meine Stirn zusammen. Ich leide viel; denn ich habe verloren, was meines Leibes einzige Wonne war.«[86]

Nach Barthes (und Lacan!) ist das Verlangen immer gleich strukturiert, gleichgültig, ob das Objekt an- oder abwesend ist, da es im eigentlichen Sinne ja immer abwesend ist. Ich wende mich also mit meinem Diskurs an den anderen, er ist für mich als Angesprochener anwesend, abwesend als Bezugsperson. Um diesen Vorgang zu illustrieren, verweist Barthes auf das berühmte »Fort-da-Spiel« des Kindes, das Freud in seiner Schrift *Jenseits des Lustprinzips*[87] einführt, um den Wiederholungszwang zu beschreiben und zum Todestrieb überzuleiten. Für Lacan ist das Garnrollenbeispiel ein Paradigma schlechthin, weil es den Augenblick bezeichnet, »in dem das Begehren sich vermenschlicht« und zugleich auch jenen, »in dem das Kind zur Sprache geboren wird«[88].

Das von der Mutter alleine zurückgelassene Kind nimmt sich eine Spule, wirft sie weg, holt sie wieder her, wiederholt dieses Spiel, um so das Weggehen der Mutter und ihr Wiederkommen zu simulieren. Dabei stößt es jeweils die Laute »ooo-aaa« aus, ein Kürzel für »fort« und »da«. So findet das Kind durch die Abwesenheit zur Sprache. Nach Lacan bedeutet dies, daß es in diesem Spiel nicht nur den Verlust bewältigt, sondern daß es sein Begehren durch ihn »zur zweiten Potenz« erhebt.[89] Lacan kommentiert diese Szene:

»Denn sein Handeln zerstört das Objekt, das es in der antizipierenden Provokation seiner Anwesenheit und seiner Abwesenheit erscheinen und verschwinden läßt. Dieses Handeln negativiert damit das Kräftefeld des Begehrens, um sich selbst zum eigenen Objekt zu werden. Und dieses Objekt, das sogleich in dem symbolischen Paar zweier elementarer Stoßgebete Gestalt annimmt, verkündet im Subjekt die diachronische Integration einer Dichotomie von Phonemen, deren synchronische Struktur eine bestehende Sprache ihm zur Assimilation anbietet; so beginnt das Kind, sich auf den konkreten Diskurs seiner Umgebung einzulassen, indem es mehr oder weniger näherungsweise in seinem Fort! und in seinem Da! die Vokabeln reproduziert, die es aus jenem System erhält.«[90]

Zurück zum liebenden Subjekt. Durch die sprachliche Inszenierung schafft der Liebende, wie das einsam spielende Kind, die Anwesenheit einer Abwesenheit. Die symbolische Repräsentation des anderen im System der Sprache macht ihn damit zu einem Signifikanten unter weiteren Signifikanten. Er unterliegt der Negativität des Diskurses, gleichgültig, ob er sich an das imaginäre oder reale Subjekt wendet. Lacan faßt dies in dem gewichtigen Satz zusammen: »Das Symbol stellt sich so zunächst als Mord der Sache dar, und dieser Tod konstituiert im Subjekt die Verewigung seines Begehrens.«[91] Ich negiere damit den anderen in seiner Einmaligkeit und Individualität. Ich richte zwar meinen Diskurs an den anderen, das geliebte Objekt, obwohl ich gleichzeitig weiß, daß er »a-topos«, nicht einzuordnen, unqualifizierbar ist. »Als *atopos* läßt der Andere die Sprache erleben: man kann nicht *von* ihm, *über* ihn sprechen; jedes Attribut ist falsch, schmerzhaft, taktlos, peinlich [...].«[92]

In direkter Auseinandersetzung mit Barthes führt Finkielkraut den eben zitierten Gedankengang fort, bringt ihn in Verbindung mit der altmodischen Vorschrift, sich des Lobes zu enthalten, überhaupt des Sprechens über einen anderen. Es ist nur ein Zeichen unserer Hilflosigkeit, durch das Reden über den anderen uns der Verantwortung zu entziehen: »Man redet von seinem Nächsten aus allerlei guten Gründen, aber auch, um nicht die Verantwortung für ihn übernehmen zu müssen; man deckt die Nacktheit des Antlitzes mit Prädikaten zu, um seinen Ruf nicht hören zu müssen.«[93]

In einer Äußerung aus den *Entretiens* zu den *Fragmenten* faßt Barthes den soeben diskutierten Punkt zusammen, indem er erneut auf Sokrates zurückkommt: »Il y a précisément dans ces fragments du discours amoureux, *d'un* discours amoureux, une figure qui porte un nom grec, l'adjectif que l'on appliquait à Socrate. On disait que Socrate était *atopos*, c'est-à-dire ›sans lieu‹, inclassable [...]. Sans prendre parti sur le fait que je suis inclassable, je dois reconnaître que j'ai toujours travaillé par à-coups, par phases.«[94]

Sämtliche Sprachszenen des Liebenden tauchen in anderen auf, überkreuzen sich. Komponiert wie die »Kreisleriana« von Schumann, aus kurzen Stücken bestehend, die gleichberechtigt aufeinanderfolgen, fällt doch ein insistierender Gestus gewisser Szenen auf. Wie ich schon zeigte, taucht das tautologische Moment der Sprache des Liebenden in den Figuren »Liebeserklärung«, »Ich-liebe-dich« und »Anbetungswürdig!« u.a. auf; das leidvolle Sehnen zieht sich gleich einem Ariadnefaden durch die *Fragmente*. Sämtliche Sprachfiguren, die Werther obsessiv besetzen und ihn zum Inbegriff des leidenschaftlich romantischen Liebenden machen, werden nicht etwa romanhaft, wie in einem Liebesroman[95], dramatisch entwickelt und eskalierend beschrieben, sondern fein voneinander getrennt, fragmentiert, ziseliert, mikroskopisch aufgespürt. Barthes versteht seine *Fragmente* als Postulat gegen die traditionelle Gattung des Liebesromans.

Das Wort als Fetisch

Zum Schluß meiner Auseinandersetzung mit den *Fragmenten* möchte ich die Szenen »Objekte« und »Körper« ins Zentrum rücken, Sprachfiguren, in denen die Fetischisierung und Fragmentierung in der Beziehung zum geliebten Objekt bei Barthes Thema wird. Schon Barthes' Analyse von »Sarrasine« in *S/Z* wies auf die Verwicklungen hin, denen Sarrasine unterlag, wenn er beispielsweise durch die Bildhauerei den Frauenkörper nur als zerstückelten, zerteilt, zergliedert in Partialobjekte, wahrgenommen hat: hier der Hals, dort die Brüste, da der Kopf.[96]

Nun aber gerät das Schreiben selbst zu einer chirurgischen Operation, die Wörter kratzen und verletzen. Barthes betont in dem Stück »Objekte«, daß sich Werther mehr und mehr »fetischistische Gesten«[97] aneignet. Gleich in der schon mehrfach erwähnten Szene, in der Werther das erste Mal Lotte erblickt, fallen ihm die »blaßroten Schleifen« auf, die sie an Arm und Brust trägt. Als er an seinem Geburtstag beim Öffnen des Päckchens von Albert »eine der blaßroten Schleifen« wiedererkennt, küßt er sie

»tausendmal«[98]; und als Lotte ihm einmal einen Zettel in die Hand drückt, damit er ihr ein paar Besorgungen erledigt, heißt es: »Um eins bitte ich Sie: keinen Sand mehr auf die Zettelchen, die Sie mir schreiben. Heute führte ich es schnell nach der Lippe, und die Zähne knisterten mir.«[99]

Nicht nur Dinge und Gegenstände, die aus ihren Händen in die seinen gelangen, sind ihm Fetische. Selbst der Diener, den er zu ihr schickte, weil er andere Verpflichtungen wahrnehmen mußte, wird von Werther fetischisiert. Auch er wird so zum geweihten Objekt: »Mit welcher Ungeduld ich ihn erwartete, mit welcher Freude ich ihn wiedersah! Ich hätte ihn gern beim Kopfe genommen und geküßt.«[100] Diese magische Kraft, die von der Angebeteten ausgeht, durchtränkt alles: Die Augen Lottes, die auf dem Diener ruhten, machen ihn durch ihren Blick zu einem Teil von ihr.

Vor Werthers Sterben akkumulieren sich die von Barthes erwähnten »fetischisierten Gesten«. In seinem letzten Brief an Lotte schreibt Werther, wie sehr er das erstellte Schattenbild von ihr liebe – »Tausend Küsse habe ich draufgedrückt« –, und er erwähnt zum letzten Mal seinen bevorzugten, konstanten Fetisch, »diese blaßrote Schleife, die du am Busen hattest«[101]. Sein Wunsch ist, in den Kleidern, in denen Lotte ihn zuerst sah – »Du hast sie berührt, geheiligt«[102] –, also im blauen Frack und in gelber Weste, samt des rosaroten Schleifchens, begraben zu werden.

Barthes kommentiert die Schlußszene im *Werther* in Anlehnung an Lacan so: »Er setzt den Phallus an die Stelle der Mutter – identifiziert sich mit ihm. Werther möchte mit dem Schleifchen begraben werden, das Lotte ihm geschenkt hat; im Grabe schmiegt er sich der Mutter zur Seite – die eben dadurch beschworen wird.«[103]

Unter Zuhilfenahme dieses Kostüms, dieser Hülle, versuchte Werther jedesmal aufs neue den Zauber des ersten Augenblicks der Verliebtheit heraufzubeschwören, als er vom Bild Lottes verzückt ward. In dem Fragment »Kleidung« führt Barthes dazu aus: »Dieses blaue Kleidungsstück umschließt ihn so eng, daß die Welt ringsum zurückweicht: *nur wir beiden:* mit ihm legt sich Werther einen Kinderkörper zu, in dem Phallus und Mutter ohne jedes Darüber-Hinaus vereint sind.«[104] Auch bei der geringsten Gefühlsregung in Tränen auszubrechen ist für Barthes eine Einwilligung Werthers, wieder zum »Kinderkörper« zu werden.

In Freuds Schrift *Fetischismus*[105] fungiert der Fetisch als Penisersatz. Freud führt aus, daß es sich um einen ganz besonderen Penis handelt, der in den frühen Kinderjahren bedeutungsvoll war, nämlich um den, den der kleine Knabe als Phallus seiner Mutter phantasierte: »der Fetisch ist der Ersatz für den Phallus des Weibes (der Mutter), an den das Knäblein geglaubt hat und auf den es – wir wissen warum – nicht verzichten will«[106]. Die Entdeckung des kleinen Jungen, daß die Mutter keinen Phallus besitzt, den er aber als halluziniertes Objekt begehrte, löst in ihm selbst Kastrationsängste aus, vor denen er sich schützen muß. Der Fetisch erfüllt, qua Metonymie, diese Funktion; er ist ein »Zeichen des Triumphes über die Kastrationsdrohung und der Schutz gegen sie«[107]. Die Objekte nun, die als Ersatz für den vermißten weiblichen Phallus gewählt werden, symbolisieren auch sonst den Penis. Für Freud ist es bezeichnend, daß Kleidungsstücke, Strümpfe, Schuhe Fetischcharakter bekommen, da sie den Augenblick der Entkleidung festhalten, »in dem man das Weib noch für phallisch halten durfte«[108]. Nach Serge Leclaire ist der Fetisch ein Beispiel für den Mechanismus des perversen Wunsches, das Modell des Wunschzyklus überhaupt.[109]

Doch noch einmal zurück zu Werther. Er ist seinem Selbstverständnis nach kein Mann, sondern eher ein Kind, wenn er sagt: »Meinem Herzen sind die Kinder am nächsten auf der Erde.«[110] Die Leugnung seiner Männlichkeit und seines Begehrens Lotte gegenüber findet ihren signifikanten Ausdruck darin, daß er sie als Sexualobjekt tabuisiert und an ihre Stelle das Bild einer Heiligen setzt, ein Bild der Urmutter, die zu besitzen das Inzesttabu als »frevlerisch« verbietet. »Sie ist mir heilig.«[111] Und später heißt es: »Nie will ich es wagen, einen Kuß euch aufzudrücken, Lippen! auf denen die Geister des Himmels schrieben [...].«[112]

Der von Barthes richtig gekennzeichnete »Kinderkörper« wählt sich als Fetisch die »fleischfarbene Schleife« Lottes, die ihren Busen zierte; das Begehren, Lotte zu besitzen, ihren Körper zu besitzen, wird so verschoben. Auch Lotte ihrerseits negiert ihn in seiner Männlichkeit. Schon bei der ersten Begegnung »kastriert« sie ihn, indem sie ihn vor ihren Geschwistern und ihren »Kindern« als »Vetter« anredet, der somit aufgrund von Verwandtschaft als Sexualobjekt ausscheidet. Noch plastischer wird dieses Verhalten zu dem Zeitpunkt, als sie die Nähe Werthers zunehmend als Bedrohung ihrer Beziehung zu Albert wahrnimmt: »Alles, was sie Interessantes fühlte und dachte, war sie gewohnt mit ihm zu teilen, und seine Entfernung drohete, in ihr ganzes Wesen eine Lücke zu reißen, die nicht wieder ausgefüllt werden konnte. Oh, hätte sie ihn in dem Augenblick zum Bruder umwandeln können.«[113] Eissler interpretiert Goethes Arbeit am *Werther* daher als einen Versuch, die große Liebe zu seiner Schwester, die enttäuscht wurde, als sie sich durch Heirat von ihm abwandte und bald darauf starb, in der Beziehung Werthers zu Lotte zu verarbeiten.[114]

Die Fetischisierung erfährt eine Steigerung, wenn ich, die verborgene Ursache meines Begehrens im Körper des anderen vermutend, jenen zerstückele: »Seine Wimpern, seinen Zehennagel, den sanften Schwung seiner Augenbrauen, seiner Lippen, den Schmelz seiner Augen, jenes Muttermal, seine Art, beim Rauchen die Finger zu spreizen.«[115] Gleich einem Toten oder »merkwürdigen Insekt«[116] fetischisiere, zerlege ich, frei von Angst, ganz kalt. Nur dann kann ich, meint Barthes, in der Faszination der »zu Glas erstarrten Schönheit« des Körpers des geliebten Subjekts die Ursache meiner Begierde erleben, ohne sie zu verstehen. Bewegt, rührt sich der Körper des anderen irgendwann während dieser Operation; beginnt die Liebe von neuem, sehe ich wieder das Bild, das Ganze.

Was ich in der Sprache evoziere, was ich im Sprechen suche, ist die Antwort des anderen.[117] Die Sprache selbst ist, wie Barthes es in *Die Lust am Text* formulierte, »der gewisse Körper«, in welchem ich mich verliere, Objekt werde. Zu diesem Punkt am Schluß noch einmal Lacan: »Das Sprechen ist in der Tat eine Gabe aus Sprache, und die Sprache ist nichts Immaterielles. Sie ist ein subtiler Körper (in Anlehnung an C.G. Jung), aber ein Körper ist sie. Wörter stecken in allen Körperbildern, die das Subjekt fesseln.«[118]

Die helle Kammer

Vorbemerkung

Wie wir gerade gesehen haben, sind im Feld der Liebe viele Figuren aufgespürt worden, viele Diskurse skizziert, viele Körper zum Sprechen gekommen: Schreibweisen der Körper, der Triebe, der Partialobjekte, ihrer polymorph-perversen Neigungen. Sie alle bevölkern das Imaginarium des Liebenden, zeichnen sein Sprechen, seine »écriture« aus. Barthes brachte alle diese vielfältigen Stimmen, die nichts anderes als ein Organ des Imaginären sind, zu Gehör, präsentierte sie in ihrer Polyvalenz und Fragilität.

In seinem letzten Werk nun, in *La chambre claire. Note sur la photographie* (dt.: *Die helle Kammer. Bemerkungen zur Photo-*

graphie)[119], sammeln sich die in *Fragmente einer Sprache der Liebe* oft konvex und konkav zugleich stattfindenden Diskurse in einem begrenzten, scheinbar übersichtlicheren Terrain. Es geht immer noch um die Liebe, aber mehr noch handelt dieses Buch vom Tod. Vom Tod der Mutter und von Barthes' eigenem Tod. Philippe Roger hat wahrscheinlich recht, wenn er dieses Buch Barthes' »seul livre intime«[120] nennt.

Das Terrain ist auch in Wirklichkeit begrenzter. Versucht Barthes noch im ersten Teil des Buches in alter Semiologen-Manier mit phänomenologischem Blick sich dem Eidos des Bildes, der Photographie zu nähern, d.h., eine allgemeinverbindliche Wesensbestimmung dessen zu liefern, was die Photographie ist, so läßt er im zweiten Teil diese »Maske« fallen und enthüllt sein eigentliches Begehren, nämlich durch das Schreiben die Abwesenheit der Mutter zu bannen. Dieser Topos der A-topie wird jetzt tatsächlich durch einen begrenzten Rahmen, durch die »Jardin d'hiver«-Photographie, auf welcher die Mutter Barthes' als fünfjähriges Mädchen abgebildet ist, zum Ausgangspunkt einer neuen Odyssee.

Was ist diese Odyssee vor allem? Ein Schreiben voller Trauer und Schmerz. Ein Schreiben, welches durch den Text die Wirklichkeit der Erinnerung beschwört, um so die Endgültigkeit ihrer Abwesenheit, den Verlust ihrer einmaligen Liebe zu erfahren.

Waren für Barthes zu Beginn dieses Buches Sartre, dessen Schrift *L'imaginaire* er es gewidmet hat, und dessen cartesianischer Glaube an die Tatsachen des Bewußtseins erkenntnisleitend, so entpuppt sich beim Schreiben schon früh etwas, was an die Stelle der Gewißheit der Tatsachen des Bewußtseins tritt: Barthes' Begehren. Das Begehren wird zum Ariadnefaden im Dschungel dieses Buches. Es mündet in eine andere, ekstatische Gewißheit: in jene der écriture, in jene Gewißheit, die im Zen-Buddhismus dem Satori entspricht. P. Roger beobachtet zu

Recht noch die Präsenz Sartres in diesem Werk, bemerkt aber auch, daß sein Platz mehr und mehr relativiert wird durch die wachsende Bedeutung des Denkens und Schreibens von Blanchot und des alle überragenden Marcel Proust.

Im folgenden werde ich Barthes' Ariadnefaden aufnehmen und verschiedene Annäherungsversuche unternehmen. Der erste besteht in einem knappen Referat von *La chambre claire*, mit deutlichen Akzenten auf dem Zusammenhang von Photographie und Tod, der Verquickung von »punctum« und »studium« und der Frage von Wirklichkeit und Wahnsinn des photographischen Bildes. Dabei werde ich in einem ersten Exkurs diesen Teil ergänzen, um stichwortartig die Vorstellungen Walter Benjamins zur Photographie, zur Pose, zum Toten ins Gespräch zu bringen.

Der zweite Exkurs soll zeigen, wie Derrida im Anschluß an Barthes' Text und in Absetzung von ihm auf Bilder und Photographien und Körper blickt, wobei sich alles in einen Polylog einschreibt.

Der letzte und dritte Ausblick schließlich vertieft die Fragen nach der Liebe, dem Tod, der Zukunft, kurz, die Frage nach dem Anderen. Ich greife dabei auf einige Gedanken von Levinas zurück, da er, wie mir scheint, eine Sprache gefunden hat, die sich mit jener von Barthes trifft, ihr irgendwo im Labyrinth des fragmentarischen Sprechens begegnet.

Die Wiederkehr des Toten

Auf der Suche nach einer »ordentlichen« Bestimmung der Photographie fällt Barthes auf, daß die Photographie etwas, was nur einmal stattgefunden hat, unendlich reproduziert. In ihr kann das Ereignis nicht über sich selbst hinausgehen. Sie ist »le Particulier absolu, la Contingence souveraine, [...] le Tel, [...] la Tuché, l'Occasion, la Rencontre, le Réel«[121]. Im Buddhismus bezeichnet man dies als »Sunya«, das Leere. Es ist die Geste des kleinen Kindes, das mit dem Finger auf etwas zeigt, die linkische Geste Cy Twomblys oder die des Haiku, die hier wiederkehrt.

Selbst hin- und hergeworfen zwischen zwei Sprachen, einer expressiven und einer kritischen, die wiederum die verschiedenen Diskurse der Soziologie, Semiologie und Psychoanalyse umgreift, versucht Barthes, sich möglichst der reduktionistischen wissenschaftlichen Systeme zu enthalten. Im Anschluß an Nietzsche folgte er dem »Ich-Begriff, unserem ältesten Glaubensartikel«[122], d.h. einzig seinem Begehren, und spricht nur über jene Photos, von denen er überzeugt war, daß sie für ihn existieren. Zwei Erfahrungen sind dabei wichtig – und nur von denen will er sprechen: die des betrachteten und die des betrachtenden Subjekts. Über die Erfahrungen des Operateurs, so nennt er den Photographen, kann er nicht sprechen, da er sie nie gemacht hat.

Das, was photographiert wird, also der Referent, die Zielscheibe der Photographie, nennt Barthes das *eidolon* (dt.: Abbild, Spiegelbild, Trugbild). Gerne würde er dies das »Spektrum« der Photographie nennen, da das Wort, über seine Wurzeln, eine Beziehung zum »Spektakel«, zum Theater hat. Was sich bei der Photographie jedoch hinzugesellt, ist die Wiederkehr des Toten.

Genau analysiert Barthes den Vorgang dieser Wiederkehr. Ich werde photographiert – das ist der Augenblick, wo ich weder Subjekt noch Objekt bin, sondern ein Subjekt, das fühlt, wie es Objekt wird: »Je vis alors une micro-expérience de la mort.«[123] Dieser Vorgang des Objekt-Werdens ist genauso schmerzlich wie eine chirurgische Operation. In den Anfängen der Photographie etwa wurden die ersten Porträts, ohne daß dies sichtbar geworden wäre, mit einem Kopfhalter (l'appuie-tête), einer Art Prothese, gemacht, die den Körper beim Übergang zur Immobilität stützte: »Cet appuie-tête était le socle de la statue que j'allais devenir, le corset de mon essence imaginaire.«[124]

Zu diesem frühen Zeitpunkt seiner Untersuchung stellt Barthes noch eine Nähe der Photographie zur Malerei fest – derselbe Rahmen, dieselbe Perspektive –, doch durch eine bemerkenswerte Verknüpfung der Photographie mit dem Theater wird diese auch in die Nähe der Kunst gerückt. Die Camera obscura hat zugleich die Perspektive, die Photographie und das Diorama (Guckkasten) geschaffen, wobei auffällt, daß alle drei auch Elemente des Theaters sind.

Durch die sonderbare Beziehung zum Tod also wird die Photographie in die Nähe des Theaters gerückt. Barthes verweist auf die ursprüngliche Beziehung, die zwischen Theater und Totenkulten besteht. Die ersten Schauspieler spielten Rollen des Todes. Sich schminken bedeutete, in eins einen lebenden und toten Körper zu haben, wie die geweißelten Oberkörper im totemistischen Theater, die bemalten Gesichter im chinesischen Theater, die Reismasken der indischen Kali oder des japanischen Nô-Theaters zeigen. Dieselbe Konstellation tauche in der Photographie wieder auf: Sie erscheint wie ein primitives Theater, als lebendiges Bild, auf dem wir unter der Darstellung des unbewegten geschminkten Gesichts die Toten sehen. Ein Bild – mein Bild – wird geboren. Mein Selbst deckt sich nie mit meinem Bild: Photographie ist das Herannahen von mir als ein anderer.

Was Barthes nun entdeckt, ist dies: ich bin »Ganz-Bild«, der personifizierte Tod. Die anderen – der andere – enteignen durch das Photo mich von mir selbst, sie machen ein Objekt aus mir. »Au fond, ce que je vise dans la photo qu'on prend de moi [...] c'est la Mort: La Mort est *l'eidos* de cette Photo-là.«[125] In den *Entretiens* macht Barthes folgende kurze Bemerkung dazu: »Si on veut vraiment parler de la photographie à un niveau sérieux, il faut la mettre en rapport avec la mort.«[126]

»Das Interesse am Detail war auch das seinige. Benjamin sah in der analytischen Vergrößerung des Fragmentes oder des kleinsten Signifikanten einen Kreuzungspunkt zwischen der Ära der Psychoanalyse und der Ära der technischen Reproduzierbarkeit, der Kinematographie, der Photographie etc. (Der Essay von Benjamin und das letzte Buch von Barthes, welche beide die Ressourcen der phänomenologischen *und auch* der strukturalen Analyse durchdringen, überschreiten und ausbeuten, könnten sehr wohl die beiden grundlegenden Texte zur sogenannten Frage nach dem REFERENTEN in der technischen Moderne sein.)« [127]

Die Parallele, die Derrida hier zwischen Barthes und Benjamin zieht, ist keineswegs willkürlich. Vor allem zwei Textpassagen zeigen, bei aller Verschiedenheit der beiden Theoretiker, eine erstaunliche Ähnlichkeit der Wahrnehmung, eine stillschweigende Übereinstimmung der Empfindungen.

In dem Essay *Kleine Geschichte der Photographie* beschreibt Benjamin ein Photo des sechsjährigen Kafka:

»Damals sind jene Ateliers mit ihren Draperien und Palmen, Gobelins und Staffeleien entstanden, die so zweideutig zwischen Exekution und Repräsentation, Folterkammer und Thronsaal standen und aus denen ein erschütterndes Zeugnis ein frühes Bildnis von Kafka bringt. Da steht in einem engen, gleichsam demütigenden, mit Posamenten überladenen Kinderanzug der ungefähr sechsjährige Knabe in einer Art von Wintergartenlandschaft. Palmenwedel starren im Hintergrund. Und als gelte es, diese gepolsterten Tropen noch stickiger und schwüler zu machen, trägt das Modell in der Linken einen unmäßig großen Hut mit breiter Krempe, wie ihn Spanier haben. Gewiß, daß es in diesem Arrangement verschwände, wenn nicht die unermeßlich traurigen Augen diese ihnen vorbestimmte Landschaft beherrschen würden.« [128]

Obwohl Benjamin dieses Bild als ein Pendant zur frühen Photographie sieht, fehlt ihm doch die Aura. Früher sahen die Menschen noch nicht »abgesprengt und gottverloren in die Welt«, denn die Aura der Kunst war es, die den Blick voll und sicher machte.[129]

Auch wenn es Benjamin in diesem Essay darum geht, die Anfänge der Photographie aufzuspüren, ihre Motive zu erfassen, wenn er die Zurückdrängung der Porträtmalerei durch die Porträtphotographie beschreibt und dann vor allem Photographen wie Atget und Sander skizziert, wenn er schließlich das »Revolutionäre« dieser neuentdeckten Reproduktionsform darin sieht, daß sie zusammen mit dem Sozialismus entstanden sei, kurz und gut, wenn er also über Phänomene berichtet, die Barthes in *La chambre claire* nur am Rande interessieren, so trifft sich Benjamin mit Barthes in der soeben zitierten Kafka-Beschreibung dennoch in einem zentralen Punkt: Auch er nimmt das Erstarrte in der Pose wahr, das Angeblicktwerden, das einen zu einem anderen macht, den Zwang des Arrangements der »Folterkammer«, in welchem das »Modell« zu verschwinden droht.

Verblüffend ähnelt jener Stelle eine andere aus seiner *Berliner Kindheit um Neunzehnhundert*. Der dargestellte Knabe auf der Photographie ist dieses Mal Benjamin selbst. Dieselbe Szenerie wird meisterhaft und bis ins Detail in der Geschichte »Die Mummerehlen« beschrieben. Benjamin erzählt, daß es ihm leichtfiel, Ähnlichkeiten zu entdecken und diese dann nachzuahmen. Nur wenn man verlangte, daß er sich selbst ähnlich sein müßte, würde er traurig:

»Und darum wurde ich so ratlos, wenn man Ähnlichkeit mit mir selbst von mir verlangte. Das war beim Photographen. Wohin ich blickte, sah ich mich umstellt von Leinwandschirmen, Polstern, Sockeln, die nach meinem Bilde gierten wie die Schatten des Hades nach dem Blut des Opfertieres. Am Ende brachte man mich einem roh gepinselten Prospekt der Alpen dar, und meine Rechte, die ein Gemsbarthütlein erheben mußte, legte auf die Wolken und Firnen der Bespannung ihren Schatten. Doch das gequälte Lächeln um den Mund des kleinen Älplers ist nicht so betrübend wie der Blick, der aus dem Kinderantlitz, das im Schatten der Zimmerpalme liegt, sich in mich senkt. Sie stammt aus einem jener Ateliers, welche mit ihren Schemeln und Stativen, Gobelins und Staffeleien etwas vom Boudoir und von der Folterkammer haben. Ich stehe barhaupt da; in meiner Linken einen gewaltigen Sombrero, den ich mit einstudierter Grazie hängen lasse. Die Rechte ist mit einem Stock befaßt, dessen gesenkter Knauf im Vordergrund zu sehen ist, indessen sich sein Ende in einem Büschel von Pleureusen birgt, die sich von einem Gartentisch ergießen. Ganz abseits, neben der Portière, stand die Mutter starr, in einer engen Taille. Wie eine Schneiderfigurine blickt sie auf meinen Samtanzug, der seinerseits mit Posamenten überladen und von einem Modeblatt zu stammen scheint. Ich aber bin entstellt vor Ähnlichkeit mit allem, was hier um mich ist. Ich hauste so wie ein Weichtier in der Muschel haust im neunzehnten Jahrhundert, das nun hohl wie eine leere Muschel vor mir liegt. Ich halte sie ans Ohr.«[130]

Diese Erfahrung des »Ich-ist-ein-Anderer« (Rimbaud), des Sich-nur-ähnlich-Sehens, entspricht exakt Barthes' Beschreibung der Wiederkehr des Toten. Das Entweichen des Lebendigen, das Erstarren in der Entstellung, die schmerzhafte Empfindung während der Prozedur des »Objekt-Werdens«, die »Exekution«, in der »Folterkammer« – all das verletzt das »Weichtier« im Kinde. Ist es bei Barthes schmerzlich, wie eine chirurgische Operation, gerät es bei Benjamin zu einer Opferung, wo das Tier geschlachtet wird.

Doch in wichtigen Punkten ist Benjamin, der sich, wie übrigens auch der »frühe« Barthes, sehr an Brecht orientiert hat, dem es nicht um die »Photographie als Kunst«, sondern um die »Kunst als Photographie« geht[131], anderer Meinung als Barthes. Dies gilt vor allem für die Frage, ob die Photographie als Medium der Veränderung gesellschaftlicher Prozesse dienen könne. Während die Funktion der Kunst früher im Ritual begründet war, liegt sie, so Benjamin, heute in der Politik. Durch das Zeitalter der Reproduzierbarkeit von Kunstwerken erlosch der »Schein ihrer Autonomie«, die in der Einmaligkeit und Dauer im Kunstwerk begründet schien, erlosch die Aura, diese »einmalige Erscheinung einer Ferne, so nahe sie sein mag«[132]. Die neuen Reproduktionstechniken bringen die Kunst als »Gebrauchs- und Ausstellungswert« den Menschen nahe. Nicht mehr der einsame, kontemplative Mensch, der sich vor dem Kunstwerk sammelt und sich darin versenkt, sondern die »zerstreute Masse ihrerseits«[133] versenkt das Kunstwerk in sich.

Die wesentliche Kraft der Photographie liegt für beide, für Barthes und Benjamin, in ihrer Authentizität. Beide sehen dies vor allem bei Sander, dem Barthes gerade auch in *La chambre claire* eine Schlüsselrolle für die entlarvende politische Kraft der Photographie zugesprochen hat. Dieser hatte nämlich quer durch alle Schichten, Klassen und Berufszweige hindurch mit seinen Photographien eine Art »Übungsatlas« erstellt, wobei die »Masken-Photographien« darauf hingewiesen haben, daß man sich daran gewöhnen muß, »darauf angesehen zu werden, woher man kommt«[134]. Baudelaires pessimistische Worte, die Benjamin am Schluß seines Photographie-Aufsatzes zitiert, klingen im »Salon von 1857« schon so skeptisch wie später jene von Barthes: »In diesen kläglichen Tagen ist eine neue Industrie hervorgetreten, die nicht wenig dazu beitrug, die platte Dummheit in ihrem Glauben zu bestärken [...], daß die Kunst nichts anderes ist und sein kann als die genaue Wiedergabe der Natur [...]. Ein rächerischer Gott hat die Stimme dieser Menge erhört. Daguerre ward sein Messias.«[135]

»Studium« und »punctum« als Kontrapunkt

Beim Betrachten vieler Photos in Alben und Zeitschriften versucht Barthes, der unterschiedlichen Wirkungsweise der Photographie auf die Spur zu kommen. Wenn eine Photographie ihn anzieht, dann deshalb, weil etwas mit ihm geschieht, weil durch das Abenteuer des Photos etwas ausgelöst wird: »Inversement, sans aventure, pas de photo.«[136]

Hier folgt Barthes einem Gedanken Sartres über die Photographie, den dieser in dem Abschnitt »Das Zeichen und das Porträt« seiner Schrift *Das Imaginäre* knapp andeutet.[137] Sartre führt aus, daß ihm Photos in einer Zeitschrift mitunter nichts sagten, da die Personen zwar durch die Photographien erfaßt würden, aber ohne existentielle Schöpfung seien. Manchmal lasse ihn ein Photo so gleichgültig, daß er nicht nachvollziehen könne, warum es »ins Bild gesetzt« wurde. Mit den Worten von Barthes: Es sind Photos ohne Abenteuer.

Worin besteht also die Anziehungskraft mancher Photographien? Vor allem in dem Abenteuer des Bildes, und das heißt zugleich, in der Animation durch die Bilder: »La photo elle-même n'est en rien animée [...] mais elle m'anime: c'est ce que fait toute aventure.«[138] Von Sartre wird das vorstellende Bewußtsein, das wir uns von einer Photographie machen, als spontaner Akt verstanden: »Wir haben Bewußtsein, in irgendeiner Weise das Photo zu beleben, ihm sein Leben zu verleihen, um ein Bild daraus zu machen.«[139] Diese Frage des »Pathetischen« im Photo vertieft Barthes nun nicht wie ein Problem (ein Thema), sondern nach der Devise: Ich sehe, also beobachte, betrachte, denke ich.

Anfangs war Barthes davon ausgegangen, eine Essenz der Photographie, eine eidetische Wissenschaft des Photos, andeutungsweise ausarbeiten zu können, indem er der Sprache und Logik der Phänomenologie folgte. Doch als er fühlte, wie er vom

Wesen der Photographie etwas zu ahnen begann, wurde ihm klar, daß der Affekt, das Begehren, die Trauer, die Euphorie, all die Gefühle, die das Photo auslöste, nicht mehr in der reduzierten Sprache der klassischen Phänomenologie zu erfassen waren.

Im Betrachten einzelner Photographien kommt er dem Abenteuer des Bildes auf die Spur. Es besteht in der Präsenz zweier disparater Elemente. Eine gute Photographie ist so gebaut wie die klassische Sonate. Sie besteht aus zwei Themen, dem »studium« und dem »punctum«. Gleich Noten setzt Barthes nun seine Notizen zu diesen beiden Elementen.

»Studium«: Ich als »spectator« bringe dem Bild gegenüber ein allgemeines Interesse zum Ausdruck, nehme an Gesten, Figuren, Mienen teil. Das »studium« umfaßt das weite Feld des nonchalanten Begehrens, des inkonsequenten Geschmacks: »Le *studium* est de l'ordre du ›*to like*‹ et non du ›*to love*‹«[140], d.h., es mobilisiert nur ein halbherziges Begehren. Es umfaßt eine Art von Bildung, die es mir erlaubt, die Intentionen des »operator« wiederzufinden.

Beim »punctum« geht die Intention nicht von mir, dem Betrachter aus, sondern entspringt aus der Szene; eine Wunde, genauer eine Schnittwunde wird mir zugefügt. Das »punctum« stört das »studium«. Es trifft mich zentral, martert mich, wie ein Faustschlag.

Barthes greift hier Kategorien auf, die er in früheren Arbeiten zur Photographie und zum Film entwickelt hat.

In dem Aufsatz *Rhétorique de l'image* unterscheidet er zwischen »avoir-été-là«[141], dem Existiert-Haben des Gegenstandes, was jetzt dem »ça-a-été«, dem Numen der Photographie entspricht, und dem »être-là«; damit bezeichnet Barthes das Bewußtsein davon, daß es dieses »Hier-sein« des Gegenstandes in der aktuellen Gegenwart nicht gibt.

Das, was jetzt das »punctum« genannt wird, wurde in *Le mes-*

sage photographique[142] in der Auseinandersetzung mit Schockphotos unter dem Aspekt des Traumas diskutiert, das ein Photo auslösen kann. Es entspricht der reinen Denotation, suspendiert die Sprache, setzt etwas in Bewegung, bringt schließlich Denkprozesse in Gang.

Für Levinas z.B. bilden Traumen den Anfang des Denkens schlechthin.[143]

Auch das »studium« finden wir schon unter einer anderen Bezeichnung wieder. In *Le message photographique* entspricht es der kognitiven Leseweise einer Photographie, die die Signifikanten ordnet, gemäß der Kultur, dem Wissen des Lesenden. Es ist die Kategorie des »je sais«.[144]

Noch ein weiterer Anknüpfungspunkt läßt sich finden. In dem Essay *Le troisième sens* beschäftigt sich Barthes mit der Bedeutung der Filme Eisensteins. Wichtig wird dabei für ihn die Opposition zwischen dem »sens obvie«, dem Sinn, der lesbar wird, der von Eisensteins Ästhetik ausgeht, und dem »sens obtus«, dem sog. »dritten Sinn«. Er ist ein Signifikant ohne Signifikat, etwas Diskontinuierliches, nicht zu Benennendes (höchstens im Innern als »l'interlocution«). Er hält das Begehren des Betrachters wach, läßt es nicht in den »Frieden der Benennung« zurückfallen; er ist ein Akzent, eine Falte, eine anaphorische Geste, gleich dem Haiku. Das »je sais«, »le sens obvie« und das »studium« gehören also zum Lesbaren (vgl. *S/Z*), zum Wissen, zur Kultur; das Trauma, »le sens obtus« und das »punctum« hingegen in den Bereich der »signifiance«, des nicht zu Bezeichnenden und Benennenden.

In seinem Buch *Die Tode von Roland Barthes* verweilt Derrida bei der Komposition der beiden Themen, des »studium« und des »punctum«, die er zu Recht nicht nur als ein Gegensatzpaar versteht. Für Derrida sind die beiden Begriffe zwar durch eine Grenze getrennt, was sie aber nicht daran hindert, gemeinsam miteinander zu komponieren, indem beispielsweise der Außenbereich des »punctum«, »das heißt sein Nicht-Code«, eine Komposition mit dem »immer codierten Bereich des studium«[145] bildet; »er gehört zu ihm, ohne zu ihm zu gehören«[146]. Hier ereignet sich nach Derrida ein Phantom, »der Begriff des Anderen im Selben, das punctum im studium, der ganz andere Tote lebendig in mir«[147]. Betont man die musikalische Voraussetzung (»Barthes als Musiker«) dieser beiden Elemente, kann man mit Derrida sagen, »daß das punctum kommt, um das studium zu rhythmisieren, um es zu ›skandieren‹«[148]. Nur als musikalische Elemente lassen sie sich, wie die beiden Themen der Sonatenform, in ihren Motiven im Text weiterverfolgen und weiterschreiben.

Das »studium« ist also definitiv kodiert, das »punctum« nicht, denn das, was ich zu benennen vermag, kann mich nicht wirklich treffen. Das »punctum« kann durchaus eine Zeitlang im Verborgenen bleiben; gerade durch seine Latenz gewinnt es an Dynamik und Kraft. Derrida stellt zu Recht diesen Aspekt der Metonymie heraus, betont, daß das »punctum« jene induziere[149], ganz im Gegensatz zu P. Roger, der im »punctum« nichts anderes als ein Déjà-vu lesen will.[150]

An einzelnen Photos veranschaulicht Barthes die metonymische Funktion des »punctum«. Auf dem Photo »Portrait de la famille« wird deutlich, wie das »punctum« im Detail steckt: Eine Erschütterung wird durch die Schnallenschuhe der Frau ausgelöst. Darin liegt auch das Paradoxale: Selbst nur ein Detail, erfüllt es doch die ganze Photographie. Die Lektüre des »punctum« ist im Gegensatz zu jener des »studium« konzentriert, aktiv; dieses Etwas provoziert eine Erschütterung, ein Satori.

Gerade weil das »punctum« stechend wirken mag, verfügt es über diese bedeutende metonymische, expansive Kraft. Auf dem Bild von Kertész, »La Ballade du violoniste«, etwa nimmt

Barthes den Referenten wahr, er erkennt mit seinem ganzen Körper die Marktflecken wieder, die er während seiner letzten Reise in Ungarn und Rumänien durchquert hat; er sieht die ausgetretene Erde der Straße.

Man sage zwar, man entwickele ein Photo, aber das, was durch die Chemie »entwickelt« wird, ist das nicht Entwickelbare; zutage tritt das, was sich nicht verwandeln, sondern unter dem drängenden Blick nur wiederholen kann. Das ist es, was die Photographie in die Nähe des Haiku rückt. Auch die Notenschrift eines Haiku ist nicht weiter zu entwickeln, zu vertiefen; alles ist schon gegeben. In beiden Fällen trifft man auf eine »*immobilité vive:* liée à un détail (à un détonateur), une explosion fait une petite étoile à la vitre du texte ou de la photo: ni le Haiku ni la Photo ne font ›rêver‹« [151].

Bei den »unairen« Photos, die vom »studium« geprägt sind, stirbt alles, was sich im Rahmen abspielt. Nicht daß sich zum Beispiel die darauf abgebildeten Personen nicht bewegten, aber sie können nicht verschwinden, sie sind betäubt und fixiert wie Schmetterlinge.

Trifft einen das Bild jedoch, wie beim »punctum«, zieht es den Betrachter aus seinem Rahmen heraus, »elle m'anime et je l'anime« [152]. Das Photo berührt mich, wenn es sich jenseits des ordinären Blabla der üblichen Codierung befindet, sich »Technik«, »Wirklichkeit«, »Kunst« entzieht: nichts sagen, die Augen schließen, das Bild in der Stille zum Sprechen bringen. Photographie muß leise sein.

Hier stellt Barthes selbst den Zusammenhang zwischen der »signifiance« des Haiku, wie er sie im Japan-Buch *Das Reich der Zeichen* erfahren hat, und der des Photos her. Beide markieren eine Grenze des Sagbaren, lösen ein Satori aus. Dies wird im folgenden noch deutlicher werden.

Während des Schreibens an seinem Buch *La chambre claire* verwandelt sich Barthes vom »Spectator« zum »Narrator« – »devient ›Narrator‹ d'une jouissance infinie«[153]. Er will am Schluß des ersten Teils von *La chambre claire* das Geschriebene widerrufen, denn seiner Schreibweise gemäß darf ein Text nichts fixieren, darf nicht zur »Doxa« erstarren.

Nach dem Tode seiner Mutter versucht Barthes, in einem Stapel alter Photos ihr Gesicht wiederzufinden, ihr Wesen, das, was er immer, solange sie noch lebte, geliebt hatte. Nach langer Zeit findet er es: Auf einem Photo, das sie als fünfjähriges Mädchen mit ihrem um zwei Jahre älteren Bruder zeigt, sieht er in dem Gesichtszug des jungen Mädchens ihre Güte, ihre Sanftheit, die Klarheit ihrer Augen, in deren Glanz das ganze Buch erstrahlt. Sie sind die »helle Kammer«. Dieses Photo, genannt »Jardin d'Hiver«, fungiert nun für ihn im zweiten Teil seines Buches als Ariadnefaden durch das Labyrinth zur Bestimmung der Photographie und/oder des Todes (und es ist bezeichnenderweise als einziges der besprochenen Photos nicht reproduziert!).

Ich stimme P. Roger zu, daß Proust als inniger Begleiter dieses Textes spürbar wird. Gerade die Passagen, in denen er Proust zu Wort kommen läßt und noch mehr jene, in denen er ihn nicht nennt, lassen in mir die Phantasie lebendig werden, daß sich Barthes, der sein Leben lang ein begeisterter Proust-Leser war, vor der Abfassung von *La chambre claire* noch einmal in Prousts *A la recherche du temps perdu* versenkt hat. Vielleicht ist der Vortrag von Barthes, ein Jahr zuvor in New York unter dem Titel *Proust et moi* gehalten, mehr als ein Indikator.[154]

Um dies nur kurz anzudeuten, möchte ich die Szene aus *Sodom und Gomorrha* von Proust in Erinnerung rufen. Im Unterschied zu Barthes, der willentlich auf der Suche nach dem geliebten Gesicht der Mutter war, wird der Ich-Erzähler dort bei einer alltäglichen Geste, während er sich bückt, um die Schnürsenkel seiner Schuhe zu binden, von der Erinnerung an die verstorbene Großmutter überfallen. Vertieft wird diese Erinnerungsarbeit durch das Betrachten einer Photographie der Großmutter. Vollends offenbaren sich, minutiös beschrieben, die große Trauer um ihren Verlust, der Schmerz, ja gerade er, die »der Beweis waren, daß diese Erinnerung wahrhaft in mir gegenwärtig sei«[155]. Das »punctum« dieses Ereignisses hat sich im »Ich« des fiktiven Erzählers so eingeschrieben, daß sich »die jähe Offenbarung des Todes wie ein Blitzstrahl in übernatürlicher, übermenschlicher Graphik in mich eingegraben hatte als eine geheimnisvolle Doppelspur«[156].

Mit diesen neuen Augen sehen wir das »Jardin d'hiver«-Photo wieder vor uns. Barthes wird entrückt von der Wahrheit des Bildes, sieht das Ineinandergreifen von Liebe und Tod. Mit dieser neuentdeckten Paarung soll nun die Evidenz der Photographie befragt werden.

Im Gegensatz zu anderen Repräsentationssystemen kann in der Photographie niemals geleugnet werden, daß der Gegenstand existiert hat: La chose »a été là«[157]. Deshalb ist der Referent der Photographie nicht derselbe wie in den anderen Systemen. Der »référent photographique« wird nicht als das fakultativ Wirkliche, auf welches sich ein Bild oder Zeichen bezieht, verstanden, sondern als das notwendigerweise Wirkliche, das vor dem Objekt plaziert worden ist. Wir finden also eine doppelt verknüpfte Position vor: Wirklichkeit und Vergangenheit. Das Noema, die Essenz der Photographie, wäre das »ça-a-été«, das schon Gewesene. Das, was ich sehe, ist keine Erinnerung, keine Imagination, kein Teil der Maja, wie die Kunst sie hervorzaubert, es ist das Wirkliche im vergangenen Zustand; in einem das Vergangene und das Wirkliche.

Das Datum ist Teil des Bildes, nicht deshalb, weil es den Stil denotiert, sondern weil es zum Nachdenken zwingt, über das Leben, über den Tod. Darin bringt mich das Photo zum Staunen, indem es die fundamentale Frage an mich richtet: Wie kommt es, daß ich hier und jetzt lebe?

Die Fragen über den Himmel, die Sterne und die Zeit, das Leben und das Unendliche, das sind für Barthes die Art von Fragen, die die Photographie stellt.[158] Sie sagt nicht das, was in ihr ist, sondern nur das, was gewesen ist. Die Essenz ist die, das, was sie repräsentiert, zu ratifizieren. Das bedeutet, daß die Photographie – im Gegensatz zur Fiktionalität der Sprache – nichts erfindet; sie ist die Authentifikation selbst. Jede Photographie ist eine Bestätigung des Gegenwärtigen. Diese Bestätigung (certificat) ist das neue Gen, das die Photographie in die Familie der Bilder eingeführt hat.

Die Photographie ist demnach keine »Kopie« des Wirklichen, sondern eine Emanation des wirklich Vergangenen: eine Magie, keine Kunst. Kurz gefaßt: »Le pouvoir d'authentification prime le pouvoir de représentation.«[159]

Immer wieder wird Barthes in neuen Variationen sich vom Gegenstand des »Jardin d'hiver«-Photos entfernen, indem er die Meditation über dieses Bild vertieft. Er betont die Einsamkeit mit diesem Photo, spürt die Gewalttätigkeit der Photographie, immer erneut den Blick an sich zu ziehen. Noch mehr als das Alleinsein mit dem Schmerz bekümmert ihn die Unbeweglichkeit, in die ihn das Photo versetzt. Nach Lacoue-Labarthe liegt darin das Undialektische der Photographie verborgen. Sie ist ein denaturiertes Theater, in dem der Tod nicht über sich selbst nachsinnen kann. Das Tragische ist ausgeschlossen und damit jede Möglichkeit der Reinigung, der Katharsis. Der unerträglichen Fülle des photographischen Bildes, welches »Nur-Bild« (Tout-Image) ist im Vergleich zu dem »Wenig-Bild« (Peu-d'Image), das die

Lektüre von Romanen begleitet (frei nach Sartre), kann man nichts mehr hinzufügen; es ist kein Platz frei, es ist komplett. In ihm kann sich nichts verweigern noch verwandeln. Im Gegensatz zum Film ist das Photo ohne Zukunft. Es bringt die Zeit zum Stocken, zum Anhalten. Mit der Photographie betreten wir den »Mort plate«. Für Barthes sind alle jene jungen Photographen, die meinen, sich der Aktualität zu widmen, primär Agenten des Todes.

Auf welche Weise wird in unserer Zeit der Tod aufgenommen? Wo hat der Tod in der Gesellschaft seinen Platz? Da er im Religiösen kaum mehr zu finden ist, hat er vielleicht im Bild seinen Platz, welches, indem es das Leben bewahren will, den Tod hervorbringt. Das Leben/der Tod: das Paradigma reduziert sich auf eine einfache Auslösevorrichtung, das, was die anfängliche Pose von dem fertigen Papier trennt.

Wie ist das Verhältnis der Photographie zur Geschichte? Barthes findet es paradox, daß dasselbe Jahrhundert die Geschichtswissenschaft und die Photographie erfunden hat. Die »Geschichte« sei eine fabrizierte Erinnerung, ein rein intellektueller Diskurs, der die mythische Zeit abschaffe. Die Photographie sei sein sicheres, wenn auch flüchtiges Zeugnis. Das Zeitalter der Photographie ist auch das der Revolutionen, der Attentate, der Explosionen. Keine Ära, die – sei es im Affektiven, sei es im Symbolischen – Dauer wahrnehmen kann.

So wird ohne Zweifel das Erstaunen des »ça-a-été« verschwinden. Barthes sieht sich mit diesem Buch als einen der letzten Zeugen des Inaktuellen. Michelet hat die Geschichte als »einen Protest aus Liebe«[160] verstanden. So stellt sich Barthes auch die Frage: »Was geschieht, wenn ich eines Tages ein Photo in den Abfall werfe? Was wird damit auch weggeworfen?« Pathetisch antwortet er, daß dies nicht nur das Leben, sondern manchmal auch die Liebe sei; die Liebe als ein Schatz, der auf ewig verschwinden wird.

Ein neues »punctum« entdeckt Barthes beim Betrachten eines

Photos von Alexander Gardner, das »Portrait de Lewis Payne« (1865). Ein schöner junger Mann, in eisernen Handschellen, wartet in seiner Zelle auf den Tod. Das umgreift die Lektüre des »studium«: die Schönheit des Jungen, die auf die ganze Photographie ausstrahlt. Aber worin besteht das »punctum«? Es ist dies, daß der junge Mann sterben wird. Mit Schrecken betrachten wir eine vollendete Zukunft, deren Einsatz das Leben ist. Was trifft, ist die Entdeckung der Äquivalenz des Todes mit der Zukunft.

Wieder den Blick auf das »Jardin d'hiver«-Photo gerichtet, fällt Barthes auf, das er sich beim Betrachten dieses Bildes so benimmt, wie in einem Fall der Psychiotiker bei Winnicott: Jener erschauert vor einer Katastrophe, die schon stattgefunden hat.[161] Ein weiteres Beispiel der »temps ecrasé« gibt Barthes durch das Photo von August Salzmann, der in der Nähe von Jerusalem 1850 den Weg nach Beith-Lehem (zeitgemäße Schreibweise), nichts als steinige Erde und Oliven, photographierte. Aber drei Zeiten verdrehen ihm den Kopf: seine eigene Gegenwart, die Zeit Jesu und diejenige des Photographen; dies alles unter der Instanz der »Realität«.[162] P. Roger entwickelt daher die These, daß dieses »kurze« Buch *La chambre claire* in Wahrheit eine Entfaltung der Bergsonschen »durée«[163] sei; in der Weise, daß »le Temps de *la chambre claire* c'est celui de l'écriture en tant qu'elle mobilise toute la mémoire du sujet: Temps à retrouver, temps romanesque, fait de sautes, non de laps«[164].

Und immer wieder stößt Barthes darauf, daß nichts »hinter« der Photographie ist; es existiert nur der »Körper« des Papiers. Er versucht, als Spectator alle die Tätigkeiten des Operators durchzuführen: zu vergrößern, zu zerlegen, um das Gesicht der geliebten Mutter deutlicher zu sehen. Doch auch diese Forschung ist umsonst, er erhält nur erneut wiederum das Wissen, das er vom ersten Augenblick an besaß. Ihm wird klar, daß er vor dem

»Jardin d'hiver«-Photo ein schlechter Träumer ist, der vergeblich die Arme nach dem Besitz des Bildes ausstreckt: »Telle est la Photo: Elle ne sait *dire* ce qu'elle donne à voir.«[165]

Aufgrund der Kraft der Evidenz ist das Photo nicht zu vertiefen, nicht zu durchbohren. Ich kann nur den Blick darüber streichen lassen, wie über eine stillstehende Oberfläche. Wie Sartre beschrieben hat, liefert sich das Objekt auf dem Bild im ganzen aus, und der Blick darauf ist sicher – im Gegensatz zum Text (und anderen Repräsentationssystemen), der das Objekt nur auf flüchtige Weise zeigt und einen anstiftet, den eigenen Augen lieber nicht zu trauen. Unter dem Gesichtspunkt des Blicks (le regard) faßt Blanchot das Wesen des Bildes so: »L'essence de l'image est d'être toute dehors, sans intimité, et cependant plus inaccessible et mystérieuse que la pensée du for intérieur [...] ayant cette présence-absence qui fait l'attrait et la fascination des Sirènes.«[166]

Dieses »Fort-Da-Spiel«, oszillierend zwischen »présence-absence«, ereignet sich im Erscheinen der Mutter auf dem »Jardin d'hiver«-Photo und kommt in eins ihrem Verschwinden gleich: »das Erscheinen kraft der Auflösung der Erscheinung«[167]. Derrida faßt den Vorgang treffsicher so: »Die Möglichkeit dieses Unmöglichen wirft einen aus der Bahn, sie fragmentiert jede Einheit, und es ist die Liebe, die alle Diskurse des *studium*, die theoretischen Kohärenzen und die Philosophien desorganisiert. Sie muß zwischen Anwesenheit und Abwesenheit unterscheiden, zwischen fort und da, zwischen dem, was sich enthüllt, und dem, was sich verbirgt. Fort und da erschien der einzigartige Andere, seine Mutter, allerdings ohne zu erscheinen, denn der Andere kann nur erscheinen, indem er verschwindet.«[168]

Auf dem »Jardin d'hiver«-Photo findet Barthes das Wesen der Mutter so, wie er es geliebt hat, nicht von sich selbst getrennt. Auf diesem Photo verschwand die Maske, es blieb eine Seele, ohne

Alter, aber nicht außerhalb der Zeit; diese Miene war die, die er sah, ihrem Gesicht wesensgleich. Hier ist dieser gütige Zug der leuchtende Schatten, der den Körper begleitet, ihn vor dem Zerlegen bewahrt. Wenn es den Photographen nicht gelingt, der transparenten Seele ihren leuchtenden Schatten zur Seite zu stellen, stirbt das Subjekt auf immer.[169]

In einem Aufschrei, dem Satori des Zen vergleichbar, erlebt Barthes diesen Augenblick der Wahrheit des Antlitzes, der Sprache ohnmächtig: »Ainsi, oui, ainsi, et rien de plus«[170]. Ich stimme Derrida zu, der ein unsichtbares »punctum« dieses Buches konstatiert, welches nicht zum Korpus der abgebildeten Photographien zählt, eben dieses vielbeschworene »Jardin d'hiver«-Photo: »Eine Art von strahlender Heiterkeit geht von den Augen seiner Mutter aus, deren Klarheit er beschreibt, die man aber nicht zu sehen bekommt. Das Strahlende verbindet sich mit der Verletzung, die dem Buch ihr Signum aufdrückt [...].«[171] Barthes spricht hier nicht mehr von der Identität des Bildes, sondern der Wahrheit, »er spricht von der Stimmung des Anderen, von der Begleitung, vom Gesang, vom Zusammenklang«[172]. Zuletzt zu diesem Photo ein Kommentar von Barthes selbst: »Man könnte auch sagen (denn ich versuche, diese Wahrheit zu benennen), daß diese PHOTOGRAPHIE aus dem Wintergarten für mich wie die letzte Musik war, die Schumann schrieb, bevor er in Umnachtung sank, dieser erste *Gesang der Frühe*, der mit dem Wesen meiner Mutter und zugleich mit dem Kummer, den mir ihr Tod bereitete, in Einklang steht [...].«[173]

Bevor ich dieses Kapitel mit zwei Exkursen abschließe, noch eine Bemerkung zur Kategorie des »Blicks«, die für Barthes in die Nähe des Wahnsinns rückt. Möglicherweise hat der Blick immer etwas Verrücktes: »Que quiconque regarde droit dans les yeux est fou.«[174] In den knappen Entwürfen in *Droit dans les yeux* kann man schon herauslesen, daß für Barthes die Arbeit an dem

Buch *Sur le regard*[175] kaum von den Überlegungen hier im Photographie-Buch zu trennen ist. In den Gedankenskizzen wird eines auf alle Fälle klar: In ständigem Rückgriff auf Lacan rückt der »Blick« als zentrale Kategorie des Menschseins überhaupt in den Mittelpunkt. Barthes diskutiert die neuen Forschungsergebnisse der Neuropsychologen, die sechs Wochen nach der Geburt eines Kindes auch von der »Geburt« des Blicks sprechen. Daß dieses Ereignis für Barthes, wie vorhin schon ausgeführt, zugleich die Entwicklung der Seele anzeigt, wird deutlich: »Ne peut-on dire que ces six semaines-là, ce sont celles où naît l'›âme‹ humaine?«[176]

Die Photographie als künstlich festgehaltener Blick bewerkstelligt eine unerhörte Vermengung der Wirklichkeit (ça-a-été) und der Wahrheit (c'est ça); sie wirkt bestätigend und aufschreiend zugleich. Sie trägt das Bild bis zu dem verrückten Punkt, wo der Affekt, die Liebe, die Trauer oder das Begehren zum Garanten des Wesens der Dinge werden. Sie nähert sich dem Wahnsinn, vereinigt in der »verrückten Wahrheit«[177].

Das Noema der Photographie ist banal und einfach, es gibt keine Tiefe. Aber vielleicht ist die Evidenz, diese Banalität des »ça-a-été«, eine Schwester des Wahnsinns. So wird die Photographie ein bizarres Medium, eine neue Form der Halluzination: Sie ist falsch auf dem Niveau der Wahrnehmung, richtig auf dem der Zeit. Die Verrücktheit beruht auf der geteilten Halluzination. In gewisser Weise ist das, was ich sehe, nicht da (»ce n'est pas là«), auf der anderen Seite, aber ist es schon gewesen (»mais cela a bien été«).[178]

Barthes fragte sich, inwieweit er nicht ein Liebhaber des Automaten von Fellini in dessen Film *Casanova* war, genauso wie er Photos aus Prousts Welt betrachtend, sich in diejenigen von Julia Bartet verliebte. Doch es war eine breitere Woge als das Gefühl der Liebe. In der Liebe zu gewissen Photos verschaffte sich noch ein anderes Gefühl Gehör, welches Barthes mit dem altmodischen Wort »Erbarmen« oder Liebesleid umschreibt. Er vergaß ganz die Irrealität der repräsentativen Sache, trat in das Bild, das Schauspiel, schloß seine Arme um das Wesen, das sterben wird. Das erinnerte ihn an Nietzsche, der sich am 3. Januar 1889 in Turin weinend um den Hals eines gemarterten Droschkenpferdes warf: aus Erbarmen verrückt geworden.[179]

Ähnlich ergriffen von dem Leid, das dienstbaren Tieren von Menschen mutwillig angetan wird, protokolliert Barthes eine Szene irgendwo in Marokko, in der Kamele malträtiert werden:

»Die beiden Vorderbeine eingeknickt und zusammengebunden, gleichsam als Demütigung zum Niederknieen gezwungen, macht ein Kamel schreckliche Anstrengungen, sich wieder zu erheben. Ein anderes, am Boden kauernd, reglos, blutend, Schaum vor dem Maul, zur Schau gestellt wie am Pranger, darum ein Kreis (mit Touristen, darunter einer schmerbäuchig und rosig, mit enganliegenden, ›kneifenden‹ Shorts, Photoapparat am Schulterriemen), schreit schrecklich, sträubt sich *aus tiefster Seele*. Sein Treiber, ein kleiner Schwarzer, schlägt es, greift sich eine Handvoll staubigen Sand und wirft sie ihm in die Augen.«[180]

Exkurs II – Derrida

Einen weiteren Exkurs möchte ich an den bisher eher referierenden Teil anschließen. Er gestattet ein Zwiegespräch mit dem gerade Vernommenen; es ist ein Polylog, den Derrida in dem Photo-Essay-Buch *Recht auf Einsicht* in Kenntnis von Barthes' *La chambre claire* gehalten hat. In einem dritten und letzten Exkurs will ich schließlich mit den Gedanken von Levinas das »unsichtbare punctum« noch deutlicher zu Gehör bringen: die Frage nach dem Anderen, dem Geheimnis, dem Tod.

Für Barthes ist die Photographie das Besondere, Bestimmte,

Einmalige, im Sinne von Lacan das »Reale«; bei den Buddhisten wäre das Reale das »bestimmte Eine«.[181] Die Photographie »führt immer wieder den Korpus, dessen ich bedarf, auf den Körper zurück, den ich sehe«[182]. Auch Derrida betont das Tautologische an der Photographie, die Pose des gestellten Körpers: »Weder besagt noch repräsentiert sie je etwas anderes als Photographie.«[183] Der photographische Körper ist dem Begehren des anderen ausgeliefert. Derrida nennt die Montage bzw. Demontage der Bilderreihe in *Recht auf Einsicht* eine »Geschichte« von Photographien durch Photographien. Sonst in Übereinstimmung mit Barthes' These von der Tautologie des Bildes, spürt er hier Effekte der Wiederkehr, Rückzugsbewegungen: Am Schluß des Bandes sieht man irgendwann Fragmente der Photographie der Photographie, die ihre Zerrissenheit deutlich machen sollen.

Derrida sieht jedoch das Photo nicht nur als eine »Emanation des Gegenstandes«.[184] Er bezweifelt nicht die Wahrheit des »ça-a-été«: »Aber von dem Augenblick an, wo der Gegenstand selbst aus gerahmten Photogrammen besteht, treibt das Indiz des ganz Anderen, so klar die Kennzeichnung auch sein mag, die Verweisung nicht weniger ins Unendliche. [...] Sie erteilt dem anderen Recht, sie öffnet die unendliche Ungewißheit des Bezuges auf das ganz Andere, diesen Bezug ohne Beziehung.«[185]

Barthes seinerseits verfolgt in seiner Auseinandersetzung mit der Photographie keine demontierte Bilderserie. Vor allem im zweiten Teil seines Buches *La chambre claire* verweilt er vor einer Photographie, die er nach langem Suchen endlich gefunden hat: das »Jardin d'hiver«-Photo, das seine Mutter im Alter von fünf Jahren zeigt. Diese »recherche« brachte ihn auf folgende zwei wesentliche Einsichten: Die Photographie ist nicht Kunst, sondern Magie, da sie eine Emanation des vergangenen Wirklichen ist; die bestätigende, entlarvende Kraft der Photographie bezieht sich nicht auf das Objekt, sondern auf die Zeit. Besteht für Derrida ein Verweisungszusammenhang ins Unendliche, betont Barthes, daß für ihn das Pathos und die Melancholie der Photographie darin liegen, ohne Zukunft zu sein: »In der PHOTOGRAPHIE zeigt sich die Stillegung der ZEIT nur in einer maßlosen, monströsen Weise: die ZEIT stockt.«[186]

Zum einen zeigt die Photographie das Vergangene und Wirkliche zugleich, »das Wirkliche im vergangenen Zustand«. Zum anderen – und das ist der Kernpunkt in Barthes' Meditation – läßt die Photographie einen deshalb erzittern, weil sie auf das Leben und den Tod, »das unausweichliche Verschwinden«[187] aufmerksam macht. Jede Photographie macht mich als Betrachter zum Bezugspunkt, und eben dadurch bringt sie mich zum Staunen, daß sie die fundamentalen Fragen an mich richtet. Barthes ist frappiert vom Geheimnis der Gleichzeitigkeit: Die Zeit des Bildes, die des Objekts und die Zeit des Betrachters werden gebündelt. Die Gleichzeitigkeit verhindert ein Abschweifen der Gedanken, ein Tagträumen, worin für Barthes genau die Bedeutung des Satori liegt. Das nicht Verwandelbare, das Stockende, nicht Entwickelbare, das dem Photo und dem Haiku gleichermaßen eigen ist, läßt sich nur »in Form von Beharrlichkeit (des beharrlichen Blicks) wiederholen«[188]. Auch Derridas Polylog gelangt an einen ähnlichen Punkt. Er weist eine gegliederte, von einer Regel rhythmisierte Zeit auf, eine Zeit, die das Recht auf Einsicht im Verlauf der Bildserie durch Aufschub (delai du rigueur) steuert; es ist ein In-Verzug-Setzen.[189]

So wie die Griechen das Reich der Toten rückwärts betraten, damit das, was sie vor sich hatten, ihre Vergangenheit war, wird Barthes in der Erschütterung durch das »Jardin d'hiver«-Photo zu einer aktiven Trauerarbeit über den Verlust der Mutter bewegt. Er erinnert sich an die Schwäche vor ihrem Tod, die er mit ihr durchlebte: »es war mir unmöglich, an einer Welt der Stärke teilzuhaben«[190]. Er erinnert sich, wie er sie pflegte, wie sie zu seiner kleinen Tochter wurde, die zu dem Wesen des Kindes zurückgefunden hatte, das ihn auf dem Photo so bezauberte: »Animula«, ihre Güte, ihre Seele strahlte. Da er nur dieses »punctum« entdecken und aufgrund seiner Lebensgeschichte entziffern kann, hat er auf das »Recht auf Einsicht« verzichtet. Deshalb wurde für ihn dieses Photo zu einem Leitfaden auf der Suche nach dem Wesen der Photographie, weil es ihn an sein Leben und seinen Tod heranführte. Ja, Barthes meinte sogar, auf diese Weise seinen eigenen Tod bewältigen zu können.[191]

Barthes und Derrida, der eine über eine Photographie meditierend, der andere über eine Serie von Bildern, sehen in der Pose, der Unbewegtheit, das Gespenstische der Photographie begründet. Barthes: »Ich könnte es anders ausdrücken: was die Natur der PHOTOGRAPHIE begründet, ist die Pose.«[192] Derrida: »Nein, in ihrem photographischen Körper ist sie gestellt, und zunächst einmal nimmt sie eine Stellung/Pose ein. Weder besagt noch repräsentiert sie je etwas anderes als Photographie.«[193] Bei Barthes treffen in der Pose zwei wesentliche Faktoren zusammen, das Reale und das Lebendige. Das Reale in der Vergangenheit suggeriert das lebendige Bild von Toten. Im Gespenstischen der Erscheinung liegt die Grausamkeit der Photographie begründet. Sie kann nicht trösten, ist ohne Katharsis, »das tote Theater des TODES«[194]. Von daher rührt die Stockung, der Stillstand. Deshalb betreten wir mit der Photographie die Ebene des »mort plate«, weil gerade darin der Schrecken verborgen liegt, wie Barthes am Beispiel seiner Mutter betont, daß es nichts zu sagen gibt über den Tod des Menschen, den er am meisten geliebt hat. Nur die Wiederholung des Gedankens bleibt ihm, »daß am Grunde dieses ersten Todes mein eigener Tod eingeschrieben ist«[195].

Auf den letzten Seiten von Barthes' *La chambre claire* finden sich Meditationen über die Zeit, die Liebe und den Tod. Andere Spuren, die jene von Barthes kreuzen, sind Gedanken von Levinas. Auch wenn der Diskurs von Levinas sich auf andere Quellen, vor allem den Talmud, bezieht, gibt es doch einige überraschende Gemeinsamkeiten.

Gleich die erste Antwort von Levinas in einem Gespräch mit Philippe Nemo erinnert an Barthes' Beschreibung und Bedeutung des »punctum«. Auf die erste Frage: »Wie beginnt man zu denken?«, antwortet Levinas: »Vermutlich beginnt es mit Traumatismen oder Tastversuchen, denen man nicht einmal verbalen Ausdruck verleihen kann.« [196]

Die Problematik der Zeit, die sich bei Barthes am Beispiel der Photographie entzündet, wird bei Levinas vor allem in bezug auf die Zukunft, den Tod und die Bedeutung des Anderen diskutiert. Er sieht einen Abgrund zwischen Gegenwart und Tod, zwischen dem Ich und der Andersheit des Geheimnisses. Deshalb ist für ihn Zeit nicht die Zukunft, die dem Tod gilt; ihr eigentlicher Vollzug geschieht durch die Anwesenheit der Zukunft in der Gegenwart als Situation des Von-Angesicht-zu-Angesicht: »Die Zukunft ist das, was nicht ergriffen wird, was uns überfällt und sich unser bemächtigt. Die Zukunft, das ist das andere. Das Verhältnis zur Zukunft, das ist das eigentliche Verhältnis zum anderen.« [197]

Die Bedeutung des Von-Angesicht-zu-Angesicht versteht Levinas primär als ein Ereignis, das sich jenseits von Erkenntnis darstellt. Erkenntnis hieße, den anderen zum Objekt zu machen. Das Ereignis des Von-Angesicht-zu-Angesicht zeigt mir hingegen den anderen in seiner absoluten Andersheit. Paradigmatisch geschieht dies für Levinas in der erotischen Beziehung, deren Pathos darin besteht, zu zweit zu sein, wobei der andere absolut anders ist. Die Armut, die Nacktheit, die das Antlitz des anderen zeigt, treibt mich in die Verantwortlichkeit, ist immer schon da, überfällt mich. Das Ereignis des Von-Angesicht-zu-Angesicht registriert nicht die Augenfarbe des Gegenübers – nichts Sartresches in diesem Blick –, »sieht« in gewisser Weise nicht das Antlitz: »Es ist das, was nicht ein Inhalt werden kann, den unser Denken umfassen könnte; es ist das Unenthaltbare, es führt uns darüber hinaus.«[198]

Wie auch Barthes in der Trauer über den Verlust der Mutter seinen eigenen Tod antizipiert, sieht Levinas »im Leiden die Nähe des Todes«[199]. Für ihn bilden das Leiden und die Erfahrung der Einsamkeit die Voraussetzungen, um in ein Verhältnis zum Tod, zum Anderen, zu treten. Der Tod kündigt ein Ereignis an, dessen das Subjekt nicht Herr ist, »ein Ereignis, in bezug auf welches das Subjekt nicht mehr Subjekt ist«[200].

Levinas vertritt eine Theorie des Subjekts, die uns an jene von Lacan erinnert. Auch für Levinas ist, im Gegensatz zu Martin Buber etwa, die Beziehung zum anderen durch Asymmetrie gekennzeichnet: »Gerade in dem Maße, in dem die Beziehung zwischen dem *Anderen* und mir nicht gegenseitig ist, bin ich dem *Anderen* gegenüber unterworfen (*je suis sujétion à autrui*); und vor allem in diesem Sinn bin ich ›Subjekt‹ (*sujet*).«[201] Die These von Levinas, daß das Verhältnis zum anderen die Abwesenheit des anderen ist, wird bei Barthes nicht nur in den einsamen Fragmenten der Liebe deutlich oder im Diskurs des romantischen Liedes, sondern gerade in dem Verlangen, etwas vom Wesen der Mutter zu entdecken und wiederzufinden.

Auch wenn, wie Levinas am Beispiel der Liebkosung des anderen zeigt, das, was gestreichelt wird, »im eigentlichen Sinne, nicht berührt«[202] wird, ist das Begehren die Grundkategorie seiner Ethik. Es ist das eigentliche Ereignis der Zukunft, die »Intentionalität der Wollust, eine einzigartige Intentionalität der Zukunft«[203].

Barthes' Begegnung mit dem Bild der Mutter, verschärft durch das »Nur-Bild«, versteht sich im Lichte dieser Überlegungen bei Levinas als der radikale Diskurs eines einsam Liebenden – ein Diskurs, gleich einer Münze, in welcher die Liebe und der Tod untrennbar in ihren jeweiligen Inschriften aneinandergeheftet sind. Über die Liebe zum Antlitz der Mutter wird Barthes seines Todes als zukünftigen Ereignisses gewahr. Das Sprechen Barthes', das durch die Präsenz des Bildes die Abwesenheit der Mutter beteuert, gleicht auch hierin eher dem »Sagen« als dem »Gesagten« bei Levinas. Dieser Aspekt des fragmentarischen Schreibens soll im folgenden Kapitel behandelt werden.

Über mich selbst

» Vers l'écriture «

Mit dem Blick auf *Über mich selbst* soll sowohl die Lektüre der »trois contes« abgeschlossen als auch eine zusammenfassende Retrospektive der Werke Barthes' entlang folgender »Schlüsselwörter« (»mots clefs«) unternommen werden: »écriture«, »corps« und »fragment«. Dabei sehe ich die jeweiligen Stichwörter als Orte einer verzweigten Landkarte, die von Meridianen, von Kreuz- und Querverbindungen durchzogen ist.

In der Schrift *Die Tode von Roland Barthes* bemerkt Derrida zu *Über mich selbst*: »Als lebender Schriftsteller hat er selbst einen Tod von Roland Barthes geschrieben.«[204] Ein paar Seiten weiter, im Hinblick auf Barthes' »Thema«, den Tod, fährt Derrida fort: »Und hat er nicht selbst bis zum letzten Augenblick von seinem Tod gesprochen, und metonymisch von seinen Toden? Und hat er nicht das Wesentliche (besonders in *Roland Barthes* ..., ein metonymischer Titel, eine metonymische Signatur par excellence) über das unentscheidbare Zaudern zwischen ›Sprechen und Schweigen‹ gesagt?«[205]

Der Glaube an das Werk ist für Barthes eine »Falle der Selbstgefälligkeit«[206]. Die Vorstellung, alles Geschriebene gehe in einem einzigen, sakralen Produkt auf, verliert aus dem Blick, daß es in unserer Warengesellschaft darum geht, ein Produkt zu konstruieren. Ein Werk vollenden heißt »eine Ware *beenden*«[207]. Ist nicht die Fixierung auf das Werk, so fragt Barthes, ein Hindernis für das Schreiben? Wird damit das Schreiben nicht zugleich »verflacht, abgesteckt, mit Schuld beladen«[208]? Barthes betont: »Ununterbrochen, ohne Ende habe ich Lust an der Schreibweise wie an einer immerwährenden Schöpfung, einer bedingungslosen Zerstreuung, einer Energie der Verführung [...].«[209] Und er fährt fort: »Und dennoch: um so mehr ich mich auf das Werk hinbewege, um so mehr steige ich in die Schreibweise hinab; ich nähere mich ihrem unhaltbaren Grund; eine Einöde öffnet sich dem Blick [...]. An diesem Berührungspunkt zwischen Schreibweise und Werk erscheint mir die harte Wahrheit: *ich bin kein Kind mehr*. Oder ist es die Askese der Wollust, die ich entdecke?«[210]

War der »Stil« in *Le degré zéro de l'écriture* – im Gegensatz zur »langue« – eine Art von »opération supra-littéraire«[211], wurde er identifiziert mit dem Körper des Schriftstellers, so rückt in *Über mich selbst* der »Stil« an den Anfang des Schreibens überhaupt: »Doch vor allem ist der Stil gewissermaßen der Beginn der Schreibweise [...].«[212] Barthes spricht von den Gefahren der Vereinnahmung, denen man sich beim Schreiben aussetzt, »mit der Herrschaft des Signifikanten«[213]. Diese Umwandlung der Sprache zur Sprache der Fiktion im Schreiben, die Blanchot als Sprung bezeichnet, geschieht zwar unmittelbar, entzieht sich aber der Bezeichnung: »Wir wissen, daß wir erst zu schreiben anfangen, wenn der Sprung getan ist, aber um ihn zu tun, müssen wir zunächst schreiben, endlos schreiben, vom Unendlichen her schreiben.«[214] Für Blanchot ist der Stil »jene leibgebundene, triebhafte Sprache, die als Sprachäußerung unseres verborgensten Innern uns doch am nächsten stehen müßte«[215]. Dennoch sei gerade sie uns am wenigsten zugänglich. Wir können ihrer nicht habhaft werden, sondern müßten, um ihr zu begegnen, »die leere Tiefe des unaufhörlichen Redestroms zum Schweigen bringen«[216].

Im Gegensatz zum Traum bevorzugt Barthes das Phantasma, den doppelten Raum, dem nicht das Monologische des Traums anhaftet. Im Traum spielt die Topographie selbst mit; wie im Verlauf einer Fuge, stellt sie sich indirekt ein: »etwas *flicht sich* zusammen, das ist, ohne Feder und Papier, ein Anfang des Schreibens«[217]. Barthes' Schreiben vollzieht sich in einer doppelten Bewegung, nicht nur in *Über mich selbst*, sondern in seinem ganzen Spätwerk, in einer der »Vernichtung«[218] und einer des sich »Neuschreibens«[219], dem Aufstellen einer Doxa und dem Abdriften von ihr. Droht der Korpus zu erstarren, stereotyp zu werden, so belebt Barthes den Funken des Begehrens, die Pluralität der Lust, die Differenz: »[...] die Differenz tritt wie ein Zerstäuben auf, wie eine Verstreuung, ein Sichspiegeln; es geht nicht mehr darum, in der Lektüre der Welt und des Subjekts Entgegensetzungen zu finden, sondern Ausbrechen, Übertreten, Fluchten, Verschiebungen, Verlagerungen, Abgleiten.«[220] Barthes, kein Anhänger der »Zwei-Terme-Dialektik« mehr, sieht in der »Entdeckung eines dritten Terms«[221] die Verlagerung am Werk: »alles Ding kehrt wieder, doch kehrt es zurück als Fiktion, d.h. auf einer anderen Windung der Spirale«[222].

Die Annäherung an »den Text« beschreibt Barthes als metaphorisches Geschehen: »[...] es ist das Feld des Sehers, ein Sims, ein Facettenkubus, ein Lösemittel, ein japanisches Ragout, ein Charivari von Szenerien, ein Geflecht, ein Spitzenwerk aus Valenciennes, ein marokkanisches Oued, ein Fernsehschirm außer

Betrieb, ein Blätterteig, eine Zwiebel usw.«[223] Metapher wird buchstäblich als Prozeß der Übertragung, der Übersetzung, des Vergleichs verstanden: »Er [der Prozeß des Vergleichs] erfindet nicht, er kombiniert noch nicht einmal, er überträgt: für ihn ist Vergleich Vernunft: er findet Vergnügen daran, den Gegenstand durch eine Art Imagination zu *verlagern*, die mehr homologisch ist als metaphorisch (es werden Systeme verglichen, nicht Bilder); wenn er zum Beispiel von Michelet spricht, dann vollzieht er an Michelet das, was, wie er behauptet, Michelet am historischen Stoff vollzog: sein Vorgehen ist ein vollständiges Gleiten, er liebkost (Mi, 28).«[224] In Derridas Formulierung liest sich das so: »Die Geschmeidigkeit ist, meiner Meinung nach, eine unverzichtbare Kategorie, um in jeder Weise alle Vorgehensweisen von Barthes zu beschreiben.«[225]

Wie sehen Barthes' bevorzugte Schreibfiguren aus, welche »Spiele« spielt er am liebsten? Immer wieder treten folgende rhetorische Figuren auf, denn Barthes ist ein Liebhaber der klassischen Rhetorik: das Paradoxon, die Benennung, die Opposition, die Amphibolie, die Etymologie (wobei ihn nicht die »Wahrheit« oder Herkunft des Worts interessiert), des weiteren die Aufzählung, die Verdopplung, die Überbietung usw. Dies alles geschieht in der Art, daß sein Diskurs die *Wirkung einer Überbelichtung*[226] erfährt, daß das Wort wie ein Palimpsest gesehen wird: »[...] mir scheint dann, daß ich Ideen *auf der Höhe der Sprache* habe – was ganz einfach das Schreiben ist (ich spreche hier von einer Praxis, nicht von einem Wert).«[227] Zugleich ist das Schreiben für Barthes ein permanenter Prozeß der Selbstvergewisserung, jenseits der geläufigen, populären Sprache. Da es ihm die »Haltlosigkeit des Subjekts« vor Augen führt, bleibt Schreiben unaufhebbar eine Erfahrung, in der sich Lust und Schmerz mischen: »Das Schreiben ist eine schroffe, asketische, keineswegs ausfließende Wollust.«[228]

»Der Kreis der Fragmente« oder »Barthes als Musiker«

Die Abbildung des Notenblattes einer Komposition von Barthes in *Über mich selbst* ist mit den Worten »Graphische Wollust: vor der Malerei die Musik«[229] untertitelt. Hinweise auf die Musik sind häufig in diesem Text: das bürgerliche Arrangement des Klavierspielens, vergleichbar mit dem Five-o'clock-Teezeremoniell, dann das Hören bedeutender Interpreten wie Horowitz und Richter. Wenn Barthes sein eigenes Klavierspiel aufnimmt, um sich hören zu können, erscheint ihm die reine Materialität der Musik, das »*Da-sein* von Bach und Schumann«[230], eine Koinzidenz der Vergangenheit des Spiels mit der Gegenwart des Zuhörens.

»Barthes als Musiker«: nicht nur beim Musizieren oder Hören von Musik, gerade beim Schreiben ist er präsent. Sein Schreiben, so Barthes, begänne als »eine Art Musik«[231], eine Gemütsverfassung, die sich im besonderen nach der Lektüre Nietzsches bei ihm einstelle. Das Schreiben bezieht, da es fragmentarisches Schreiben ist, sein Ideal aus der Musik: »das Fragment ist wie die musikalische Idee eines Zyklus (*La bonne Chanson, Dichterliebe*): jedes Stück ist sich selbst genug, und dennoch ist es immer nur der Zwischenraum der Nachbarstücke«[232]. Jetzt fallen die »patterns« auf, gliedern sich ein. Das Fragment als Intermezzo bei Schumann, mit dessen »écriture« wir im ersten Kapitel begonnen hatten, erfährt nun in der Meditation über das Schreiben als Fragment die entscheidende Reprise. »[...] alles, was er schuf, war zuletzt *eingeschoben*: doch zwischen was? Was besagt eine Folge reiner Unterbrechungen?«[233] Barthes erwähnt in dem Stück *Der Kreis der Fragmente*, daß seine erste Arbeit über André Gide 1942 aus Fragmenten bestand, »›weil die Zusammenhanglosigkeit der Ordnung vorzuziehen ist, die deformiert‹ (Gide). Seitdem hat er in Wirklichkeit nie aufgehört, die kurze Schreibweise zu praktizieren: kleine Bilder in *Mythen des Alltags* und in *l'Empire des signes*, Artikel und Vorworte zu *Essais critiques*, Lexien in *S/Z*, Titelparagraphen in *Michelet*, Fragmente in *Sade II*, in *Die Lust am Text*.«[234]

Wie ich zu zeigen versuchte, setzt sich dieses Schreiben fort, am deutlichsten in *Fragmente einer Sprache der Liebe* und im Photographiebuch, wo der Untertitel *Note sur la photographie* durchaus im musikalischen Sinne zu interpretieren ist. Im fragmentarischen Schreiben »sollte das *Timbre* herrschen«[235]; da haben wir sie wieder, die Materialität des Körpers, die sich einschreibt, die »grain de la voix«, wo eine Sprache eine Stimme trifft. Fragment auch als Abfall, Rest, Unebenheit, Überflüssiges: Reminiszenzen an die »écriture« von Réquichot werden wach.

»›Gegeben seien die Wörter: *Fragment, Kreis, Gide, Catch, Asyndeton, Malerei, Abhandlung, Zen, Intermezzo;* stellen Sie sich einen Diskurs vor, der sie untereinander verbindet.‹ Nun, das ist dann einfach dieses Fragment hier. Der Index eines Textes ist also nicht nur ein Werkzeug für Hinweise; er ist selber ein Text, ein zweiter Text, das *Relief* (Rest und Unebenheit) des ersten: was es an Delirierendem (Unterbrochenem) in der Vernunft der Sätze gibt.«[236]

So erfährt der Gedanke an das Werk, die fiktive Abgeschlossenheit, eine stete Unterbrechung, erscheint in seiner Fragilität, gerinnt nicht zu einer vollendeten Komposition. Barthes pflegt die Kunst der Unterbrechung. Levinas würde diese Art des Schreibens, indem er zwischen dem »Sagen« und »Gesagten« unterschiede, so markieren: »Denn indem das Sagen sich sagt, bricht es jeden Augenblick die Definition dessen, was es sagt, entzwei und sprengt die Totalität, die es umfaßt. Es mag dies Bersten selbst zum Thema machen und auf diese Weise, wenn es kann, die Totalität, von der es berichtet, vollständig rekonstituieren, es mag auf diese Weise sein unabnutzbares Gewebe zeigen –

aber siehe, wie es eben durch sein Sprechen seine Totalität unterbricht. Jemand ist dem Thema entkommen. Das erste Sagen geht über seine eigenen Kräfte und seine eigene Vernunft hinaus. Das ursprüngliche Sagen ist Delirium.«[237] Noch radikaler entnimmt man aus den *Judaica*: »Denn nur das Fragmentarische an ihr macht die Sprache sprechbar. Die ›wahre‹ Sprache kann nicht gesprochen werden, sowenig wie das absolut Konkrete vollzogen werden kann.«[238]

Die Schreibweisen des Körpers (das Fragment, der Haiku, kurze Essays) implizieren eine gemeinsame Lust, ein gemeinsames Begehren: »Das Fragment (wie der Haiku) ist *torin*; es impliziert eine unmittelbare Wollust: es ist ein Phantasma von Diskurs.«[239] Diese Anfänge des Schreibens, die Barthes' eigentliches Vergnügen ausmachen, keimen an verschiedenen Orten, beim Gespräch, in Bars oder Cafés – gleich einer Off-Stimme, die sich einprägt; gleich einem Vers, der einem nicht mehr aus dem Kopf geht. Barthes' Diskurs ist seiner eigenen Einschätzung nach ein erotischer, da die Funken des Begehrens die Anfänge des Schreibens diktieren. Er ist zugleich ein ästhetischer, da dieses erotische Moment verschoben wird, indem es sich »dem Körper annähert, der Abschweifung«[240].

So läßt sich der »Kreis der Fragmente« nicht nur in *Über mich selbst* beobachten. Er ist konstitutiv für Barthes' Schreiben überhaupt, vielleicht mit Ausnahme der strukturalistisch-semiotischen Periode, wie sie sich in *Elemente der Semiologie, Système de la mode, Indroduction à l'analyse structurale des recits* aufzeigen läßt, um nur einige zu nennen. Von Anfang an gibt es aber neben Strukturalismus und Semiotik diese andere Spur, am augenfälligsten im *Michelet*: Wie in *Über mich selbst* stoßen wir auf Bilder, Photographien, eine Romanperson »Michelet«, die den Körper in die Geschichte einführte, nicht zuletzt auf den weiblichen Körper mit seinen Rhythmen und eigenen Säften.

So überraschend mein Einstieg in das Spätwerk von Roland Barthes mit der »écriture« der romantischen Musik gewirkt haben mag, so hat sich nun gezeigt, welcher Schlüsselcharakter »Barthes als Musiker« für das fragmentarische Schreiben zukommt. Die Ausführungen zur Musik und Malerei sind gewissermaßen Präludien seines fragmentarischen Diskurses, die sich in einen Gesamtzusammenhang fügen. Der »linkische Strich« Cy Twomblys oder – mit diesem Strich in der Gestik verwandt, nur auf einer anderen Windung der Spirale – die Signifikanten Japans, allen voran der Haiku, lassen sich als Etüden eines systematischen, nur angedeuteten Zyklus verstehen.

Barthes' »écriture« ist ein Beispiel für das Unterbrechen des Sinns, ein Schreiben gegen die Doxa, die Stereotypie, wie der Text *Mythen des Alltags* am auffälligsten markiert. Deshalb stoßen wir in vielen seiner Werke auf das Alphabet als Null-Ordnung, auf komplexe Brechungen wie in *Über mich selbst*, auf das Oszillieren zwischen »je« und »moi«.

Schreiben als Spiel mit dem Imaginären

»Écrire pour (de) jouer l'imaginaire«[241] – so lautet die knappe Formel von J.B. Fages über Roland Barthes' Schreibweise. Seit *Die Lust am Text* und der semanalytischen Arbeit über *S/Z* hat sie alte Paarungen wie »l'écrivance – l'écrivant«[242], »lisible – scriptible«, kurz, die Kategorien der strukturalen Analyse auf der Ebene des Phänotexts relativiert, um in das Schreiben den Körper, den Funken des Begehrens einzuführen. Barthes »entdeckt« den Genotext, begreift ihn als eine Verkörperung, die von Fages als »productivité signifiante, lieu où s'inscrit le sujet, où il s'engendre«, gekennzeichnet wird.[243]

Nur wenige Autoren, die über Barthes gearbeitet haben, erkannten den von Fages beschriebenen Zusammenhang von »écriture« und »corporéité«. Philip Thody z.B. konstatiert zwar, daß »the idea of pleasure is never wholly absent from Barthes' work«[244], mißversteht aber gründlich dessen Intention in *Fragmente einer Sprache der Liebe*, sein Schreib- und Sprachbegehren, wenn er die »personal relationship«[245] im Brennpunkt des Werks sieht.

Ebenso versäumt es Richard Brütting[246], in der Auseinandersetzung mit Begriffen wie »écriture« und »texte« auf das Neue der Schreibweise Barthes' und auf den utopischen Gehalt seiner Konzeption von Textwissenschaft einzugehen, in der die Text-Lust im semiologischen Gefüge trotz ihres a-topischen Charakters Platz findet. Noch weniger überzeugend finde ich seinen Vorwurf an Barthes, er hätte ein zu lineares Geschichtsbild, könne nicht dialektisch denken[247] und verfiele leichtgläubig dem phantasierten utopischen Aspekt der Literatur. Auch Calvet[248] hat Schwierigkeiten, die stete Weiterentwicklung in Barthes' Denken, wie sie sich in *S/Z* und *Sade, Fourier, Loyola* zeigt, zu würdigen, da ihm die Operationen Barthes' nicht mehr dem üblichen Code von Wissenschaftlichkeit zu entsprechen scheinen.

Von sämtlichen Interpreten Barthes' kann ich am ehesten noch Philippe Roger folgen, der als einer von wenigen das Spätwerk Barthes' im Blick hat, wenn auch mit entscheidenden Abstrichen. Im Hinblick auf *Über mich selbst*, um wieder zu diesem Werk zurückzukehren, möche ich dennoch einige Gedanken Rogers zum Begriff des Imaginären und zur »écriture« Barthes' vorstellen und kritisieren.

So sehr ich Rogers Kritik an M. Beaujour teile, der Barthes' Schreibweise als »'machine d'écrituré impersonelle«[249] abqualifiziert, so sehr ich auch Rogers Beobachtungen über Barthes' plurale Schreibweise der Rhetorik und seine Bemerkungen über den Zusammenhang von »le corps imagé et le texte fragmenté«[250] unterstütze – seine Auslassungen über das Imaginäre und das Fragment scheinen mir inkonsequent und fragwürdig. Als wäre das Argument von Roger, nichts sei beim Arrangement der Fragmente dem Zufall überlassen, alles sei auf Kontiguität angelegt, eines gegen das fragmentarische Schreiben schlechthin: Als sei das Imaginarium der Bilder, welche Barthes in *Über mich selbst* als erstes vorstellt, völlig abgetrennt vom Imaginarium des Schreibens, wo doch ihre jeweilige Produktionsstätte, im Sinne Lacans, nichts anderes ist als das Begehren des Anderen.

Rogers Haupteinwand, die von Barthes in seinem Vorwort charakterisierten Imaginarien hätten mit jenen dreien, die Barthes in dem Textstück »Le travail du mot« vorstellt, nichts gemein, ist mir völlig unverständlich. Gerade hier setzt Barthes das Imaginäre der Einsamkeit des liebenden Subjekts mit jenem des schreibenden in Verbindung, da beide den Wiederholungen der Sprachfiguren unterliegen, beide daran arbeiten, dem immer gleichen Satz neue Inflexionen zu geben. Wie Roger selber sagt: »La rhétorique est la dimension amoureuse de l'écriture.«[251] Des weiteren zitiert er selbst aus »Die Schlaffheit der großen Worte« Barthes' klare Formulierung: »[...] *imaginär* ist 1963 nur ein vager Ausdruck nach Bachelard (*EC*, 214); doch 1970 (*S/Z*, 17) wurde er neugetauft und ging ganz zum Lacanschen (auch deformierten) Sinn über.«[252]

Schreiben – Oszillieren zwischen »je« und »moi«

»Zweifellos ist das wahre ich ≈ *je* nicht Ich ≈ *moi*.«[253] Im Bewußtsein der Erkenntnis von Lacan versteht Barthes alle seine Ausführungen in *Über mich selbst* als etwas, »was von einer Romanperson gesagt wird«[254]. Somit bekommt vor allem der französische Originaltitel *Roland Barthes par Roland Barthes* eine »analytische Tragweite: ich durch mich?«[255] Er eröffnet das Feld des Imaginären: »›ich‹ mobilisiere das Imaginäre, ›ihr‹ und ›er‹

rufen die Paranoia auf den Plan. [...] andererseits kann nicht von sich selbst sprechen heißen: *ich bin Derjenige, der nicht von sich spricht*; und von sich selbst sprechen und dabei ›er‹ sagen kann heißen: ich spreche von mir *wie von einem etwas Toten*, erfaßt von einem leichten Nebel paranoischer Emphase [...].«[256] Da also das Subjekt in diesem Sinne disloziert ist, uneins, fragt sich Barthes im gleichen Textstück: »warum sollte ich nicht von ›mir‹ sprechen, da doch das ›Ich‹ nicht mehr das ›Selbst‹ ist?«[257]

Wie die kurzen Textbeispiele von Barthes zeigen, teilt er Lacans These von der Aufspaltung des Individuums in ein Subjekt des Unbewußten, das eigentliche Ich (je), und in das Ich (moi), welches nur eine Funktion des Imaginären innehat, das spekulierende, sich spiegelnde Ich: »Das Ich ist buchstäblich ein Objekt – ein Objekt, das eine bestimmte Funktion erfüllt, die wir hier imaginäre Funktion nennen.«[258]

Roland Barthes par Roland Barthes beginnt mit dem Imaginarium der Bilder: eine Stadtansicht von Biscarosse; der junge Barthes auf den Armen der Mutter, untertitelt »Der Liebesanspruch«; die Gärten von Bayonne; ein sonniger Tag am Strand mit der Mutter, die sich bei ihm einhakt und den anderen Arm um den jüngeren Bruder legt; ein Bild von der Dareios-Aufführung, »den ich immer mit dem größten Lampenfieber spielte«[259]; eines als Säugling, in einem Oval eingerahmt, auf dem Arm der Mutter, mit folgendem Text kommentiert: »Das Spiegelstadium: ›Das bist du‹.«[260] Das Bild und der Text bilden ein glänzendes Exempel dessen, was Lacan unter der Dialektik des Spiegelstadiums versteht: zum einen das Moment der Zerstückelung, die Erfahrung des Uneins-Seins, die immer Spuren hinterläßt; und zum anderen das Erlebnis einer Einheit, in dem sich das Subjekt als (wenn auch entfremdete) Einheit erkennt. Die Stimme des »Das bist du« spricht von einem anderen Ort. »Die subjektive Hälfte vor der Erfahrung des Spiegels, das ist das Lahme, der sich nicht allein fortbewegen kann, es sei denn in unkoordinierter und ungeschickter Weise. Was ihn beherrscht, ist das Bild des Ich, das blind macht und das ihn trägt.«[261]

Daß sich das Subjekt mit sich selbst nur in der »Faszination« identifizieren kann, »in der fundamentalen Unbeweglichkeit, durch welche er dem Blick entspricht, in dem er gefangen ist«[262], gerät in der Beschreibung von Barthes zur Pose, zur Grimasse, wie ich ja schon im Kapitel über *La chambre claire* deutlich gemacht habe: »Das Imaginäre, angehalten, festgenommen, zum Stillstand gebracht unter dem Schriftsteller-Phantasma, wird durch die Wirkung einer photographischen Momentaufnahme eine Art *Grimasse*.«[263] In dieser »fundamentalen Unbeweglichkeit«[264], die an das »punctum« erinnert, ereignen sich das Numen (die schweigende Geste der Götter, die über das Menschenschicksal entscheiden), als »erstarrte, verewigte, umstellte Hysterie«[265].

Dem Faszinosum und dem Unheimlichen der Bilder ausgeliefert, beginnt Barthes seine Roman-Erzählung: »Ich habe nur die Bilder ausgewählt, die mich wie versteinert ließen.«[266] Auch Lacan betont diesen Zusammenhang von Faszination und Schrekken[267], der Barthes versteinern läßt. Für Barthes ist die Zeit der Erzählung, die der Bildersammlung, identisch mit der Zeit seiner Jugend. Diese Bilddokumente zeigen von daher eine Vorgeschichte des Körpers, »diesen Körper, der sich auf die Arbeit, die Wollust des Schreibens hinbewegt«[268].

Die Bilderreihe gerät so für Barthes exakt in die von Lacan oben skizzierte doppelte Bewegung: Zum einen sind die Bilder »wie ein Medium«, und sie bringen »mich in Beziehung zu dem ›Es‹ meines Körpers«[269]; zum anderen sehe ich mir nie ähnlich, erlebe so »den Riß des Subjekts (eben das, wovon er nichts sagen kann)«[270]. Damit deutet sich schon der Übergang zum zweiten Imaginarium an, dem des Schreibens, welches das Imaginarium der Bilder zum Stillstand bringt und damit auch die Erzählung: »Der Text kann nichts erzählen; er trägt meinen Körper woandershin [...].«[271] Hier scheint die in der *Lust am Text* gekennzeichnete A-topik der Lust sprichwörtlich auf.

Warum rücke ich *Über mich selbst* an den Schluß meiner Überlegungen? Weil sich darin für mich gleich einem Palimpsest – zurück bis zum *Nullpunkt*, und die *Fragmente* und *La chambre claire* antizipierend – die Vernetzung der »Schlüsselwörter«, wie Körper, Bild, Blick, Fragmente, insistierend und zerstreut zugleich studieren läßt. »Das Buch vom Ich«, wie ein Fragment des Roman-Essays heißt, kann deshalb auch nicht, romanhaft wie es ist, nur von einer Romanperson handeln, sondern von mehreren: »Denn das Imaginäre, unabwendbar Materie des Romans und Labyrinth der Vorsprünge, in denen derjenige abirrt, der von sich selber spricht, wird von mehreren Masken (*personae*) aufgenommen, die je nach der Tiefe der Szene abgestuft sind (und doch ist keine Person dahinter).«[272]

Dennoch sind diese verschiedenen Masken nur unterschiedliche Ausprägungen von Barthes' Ich, dessen Aufsplitterung auch die Objekte vervielfacht, die das Ich verfolgt. Lacan bemerkt dazu an einer Textstelle, die fast wie eine Analyse des Œuvres von Barthes klingt:

»Es ist das Bild seines Körpers, das das Prinzip jeder Einheit ist, die er an den Objekten wahrnimmt. Von diesem Bild nun nimmt er die Einheit nur außerhalb und in einer antizipierten Weise wahr. Aufgrund dieser doppelten Beziehung, die er zu sich selbst hat, werden sich sämtliche Objekte seiner Welt immer um den irrenden Schatten seines eigenen Ich strukturieren [...]. Das Objekt ist für ihn niemals definitiv das letzte Objekt, es sei denn bei bestimmten außergewöhnlichen Erfahrungen. Aber dann stellt es sich als ein Objekt dar, von dem der Mensch unrettbar getrennt ist und das ihm die Figur selbst seines Aufklaffens in der Welt zeigt – als ein Objekt, das ihn wesentlich zerstört, ihn ängstigt, das er nicht einholen kann, wo er nicht wirklich seine Versöhnung finden kann, sein Haften an der Welt, seine vollkommene Komplementarität auf der Ebene des Begehrens.«[273]

Für Barthes wurde das Wort »Körper« zu einem »Mana-Wort« seines Schreibens. Die unendlichen Odysseen des Imaginären im »Korpus« des Textes zu inszenieren ist der Grund seines Schreibens: »Man schreibt mit dem Begehren, und endlos ist mein Begehr.«[274]

Anhang

Anmerkungen

Roland Barthes – ein Porträt

1 R. Barthes, Leçon/Lektion, Frankfurt/M. 1980, S. 9, 13.
2 Ders., Über mich selbst, München 1978, im Bildteil.
3 Ebenda, S. 198.
4 Ders., Das semiologische Abenteuer, Frankfurt/M. 1988, S. 8-12.
5 Ebenda, S. 267.
6 Ders., Mythen des Alltags, Frankfurt/M. 1964, S. 33.
7 »Die große Familie der Menschen«, ebenda, S. 16 ff.; »Schockphotos«, ebenda, S. 55 ff.
8 »Zwei Mythen des Jungen Theaters«, in: ders., Mythen des Alltags, a. a. O., S. 20 ff.; vgl. auch Barthes über Brecht: »Les tâches de la critique brechtienne«, in: Essais critiques, in: ders., Œuvres complètes, hrsg. von Éric Marty, Bd. 1, Paris 1993 ff., S. 1227-1230.
9 Vgl. ders., Mythen des Alltags, a. a. O., S. 36 ff.: »Beefsteak und Pommes frites«.
10 Vgl. ders., Mythen des Alltags, a. a. O., S. 59 ff.: Der »Blaue Führer«.
11 An mehreren Stellen verstreut finden sich in *Über mich selbst* Äußerungen zur Semiologie, zum Marxismus, zur Rolle Brechts; vgl. a. a. O., S. 56, 57 f., 64.
12 Ders., Mythen des Alltags, a. a. O., S. 79: »Plastik«.
13 Ebenda, S. 76 ff.: »Der neue Citroën«.
14 Ebenda, S. 141.
15 Vgl. ebenda, S. 119: »Dadurch, daß sie leidenschaftlich den Mythos zurückweist, liefert sich die Poesie ihm wehrlos aus.«
16 Ebenda.
17 Ebenda, S. 115.
18 Ebenda, S. 138.
19 Ebenda, S. 151.
20 Ebenda.
21 Ebenda, S. 16-19.
22 Ebenda, S. 17.

23 Ebenda, S. 16.
24 Ders., La chambre claire, in: Œuvres complètes, Bd. 2 (Die helle Kammer, Frankfurt/M. 1985, Kap. 13, S. 41).
25 Ders., Mythen des Alltags, a. a. O., S. 19.
26 Ebenda.
27 Ders., Rhétorique de l'image, in: Œuvres complètes, Bd. 1, S. 1417-1429.
28 Ders., Rhetorik des Bildes, in: Alternative, H. 54, 1967, S. 163 ff. (unvollst. übersetzt).
29 Ders., Rhétorique de l'image, a. a. O., S. 1418.
30 Ders., Rhetorik des Bildes, a. a. O., S. 166.
31 Ders., Rhétorique ..., a. a. O., S. 1422.
32 Ebenda. (»Auf der Ebene der ›symbolischen‹ Botschaft leitet die linguistische Nachricht nicht mehr die Identifikation, sondern die Interpretation; sie erzeugt eine Art begrenzenden Druck, der den konnotierten Sinngehalt daran hindert, in allzu persönliche Gebiete auszuwuchern [d. h., er begrenzt das projektive Vermögen des Bildes].«)
33 Ders., La chambre claire, 15.
34 Ders., Rhétorique ..., S. 1422. (»Die Verankerung ist die häufigste Funktion der linguistischen Nachricht.«)
35 Ebenda, S. 1424. (»Es handelt sich hier nicht mehr um die Äußerung einer Natur oder einer Kultur [wie im Falle der Photographie].«)
36 Zur ideologischen Funktion des Mythos vgl. Theorieteil in: Mythen des Alltags, a. a. O., S. 85-151.
37 Ders., Rhétorique ..., S. 1425. (»Je mehr die Technik die Mittel zur Verbreitung von Informationen entwickelt [und vor allem von Bildern], um so mehr liefert sie auch die Mittel, um unter der Erscheinung des gegebenen Sinnes den konnotierten Sinn zu verdecken.«)
38 Das »ça-a-été«, das Numen, die banale Bestimmung der Photographie in *La chambre claire*.
39 R. Barthes, Rhetorik ..., a. a. O., S. 113.
40 Ders., Système de la mode, Paris 1967 (dt.: Die Sprache der Mode, Frankfurt/M. 1985).
41 Ders., Die Lust am Text, Frankfurt/M. 1974, S. 22.
42 Ders., Über mich selbst, a. a. O., S. 141.
43 Ders., Michelet, Frankfurt/M. 1984, S. 225.
44 Ders., Schriftsteller und Schreiber, in: ders., Literatur oder Geschichte, Frankfurt/M. 1981, S. 44-53.

45 Ders., Fragmente einer Sprache der Liebe, Frankfurt/M. 1984, S. 184.
46 Paris 1982.
47 R. Barthes, Was singt in mir, der ich höre in meinem Körper das Lied?, Berlin 1979.
48 Ders., Literatur oder Geschichte, 3. Aufl., Frankfurt/M. 1981.
49 Ders., Über mich selbst, a. a. O., Motto.
50 Vgl. J. Altwegg/A. Schmidt, Französische Denker der Gegenwart, München 1987, S. 27 ff.

Fragen an das (Spät-)Werk

1 R. Barthes, S/Z, Frankfurt/M. 1976, S. 9.
2 Ders., Le grain de la voix, in: Œuvres complètes, Bd. 3, S. 1245.
3 Vgl. ders., Die Lust am Text, Frankfurt/M. 1974, S. 97.
4 Ders., Die helle Kammer. Bemerkungen zur Photographie, Frankfurt/M. 1985, S. 36.
5 Ders., Cy Twombly, Berlin 1983, S. 25 f.
6 P. Roger, Roland Barthes, Paris 1986, S. 63. Vgl. die Bedeutung der Spirale bei Nietzsche – »die Wiederkehr des Gleichen« – und die Geschichtsauffassung von Vico.
7 R. Barthes, Über mich selbst, München 1978, S. 141.

I. Voix – Corps

1 Jacques Derrida, Die Stimme und das Phänomen, Frankfurt/M. 1979, S. 164.
2 R. Barthes, S/Z, Frankfurt/M. 1976, S. 8.
3 Ders., Die Lust am Text, Frankfurt/M. 1974, S. 12.
4 Ders., S/Z, a. a. O., S. 8.
5 Ebenda.
6 Ebenda, S. 9.
7 Ebenda, S. 8.
8 Ders., Die Lust am Text, a. a. O., S. 92.
9 P. Roger, Roland Barthes, Paris 1986, S. 125. (»Die ›Lust am Text‹ bejaht das friedliche Nebeneinanderbestehen des Textes der Lust [Träger kultureller Euphorie, gebunden an eine ›behagliche‹, soll

heißen ›mandarinale‹ Praxis der Lektüre] und des Textes der Wollust [dem des Zustandes des Sichverlierens, dem auch, der Unbehagen schafft ›vielleicht bis hin zu einem gewissen Überdruß‹].«)

10 R. Barthes, Die Lust am Text, a. a. O., S. 92.

11 Ders., in: P. Roger, Roland Barthes, a. a. O., S. 125.

12 Julia Kristeva, Die Revolution der poetischen Sprache, Frankfurt/M. 1978, S. 75; vgl. Fetisch: »Der Text ist weniger deshalb kein Fetisch, weil – wie musikalisch auch immer – kein Text gänzlich sinn- oder bedeutungslos sein kann [...].«

13 R. Barthes, Le plaisir du texte, in: Œuvres complètes, Bd. 2, S. 1496. (»Der Text, den ihr schreibt, muß mir beweisen, *daß er mich begehrt*. Dieser Beweis existiert: es ist das Schreiben.« [Die Lust am Text, Frankfurt/M. 1974, S. 12])

14 Ders., Die Lust am Text, a. a. O., S. 26.

15 Friedrich Nietzsche, Also sprach Zarathustra. Ein Buch für Alle und Keinen, in: ders., Werke in drei Bänden, Bd. II, hrsg. von Karl Schlechta, München 1966, S. 300.

16 Ebenda.

17 Ebenda.

18 Ders., Über Wahrheit und Lüge im außermoralischen Sinn, in: ders., Werke, Bd. III, S. 314: »Was also ist Wahrheit? Ein bewegliches Heer von Metaphern, Metonymien, Anthropomorphismen, kurz eine Summe von menschlichen Relationen [...].«

19 R. Barthes, Le plaisir du texte, in: Œuvres complètes, Bd. 2, S. 1500. (»die Entblätterung der Wahrheiten, sondern das Blattwerk der Signifikanz« [Die Lust am Text, S. 19])

20 Ders., Die Lust am Text, a. a. O., S. 97.

21 Ebenda, S. 97 f.

22 Julia Kristeva, Die Revolution der poetischen Sprache, a. a. O., S. 30.

23 Melanie Klein, Das Seelenleben des Kleinkindes und andere Beiträge zur Psychoanalyse, Hamburg 1972.

24 J. Kristeva, Die Revolution der poetischen Sprache, a. a. O., S. 40.

25 Ebenda, S. 97.

26 Ebenda, S. 96.

27 Ebenda, S. 169.

28 Michel Foucault, Von der Subversion des Wissens, München 1974, S. 59.

29 R. Barthes, Le grain de la voix, in: Œuvres complètes, Bd. 2, S. 1070.

30 Ders., La musique, la voix, la langue, in: Œuvres complètes, Bd. 3, S. 880-884.
31 Ders., Die Rauheit der Stimme, in: Was singt mir, der ich höre in meinem Körper das Lied, Berlin 1979, S. 24 f.
32 Ders., La musique, la voix, la langue, in: Œuvres complètes, Bd. 3, S. 883. (»diese Stimme war stets gespannt, beseelt durch eine gleichsam metallische Kraft des Begehrens«)
33 Ebenda, S. 881. (»Jedes Eingehen auf eine Stimme ist notwendigerweise verliebt«)
34 Ders., Die Rauheit der Stimme, a. a. O., S. 33 f.
35 Ebenda, S. 24.
36 Ders., Le grain de la voix, in: Œuvres complètes, Bd. 2, S. 1439.
37 Ebenda, S. 1438.
38 Ders., Die Rauheit der Stimme, a. a. O.
39 Ders., La musique, la voix, la langue, in: Œuvres complètes, Bd. 3, S. 884.
40 Ders., Was singt in mir, der ich höre in meinem Körper das Lied?, Berlin 1979, S. 65.
41 Jacques Derrida, Die Schrift und die Differenz, Frankfurt/M. 1985.
42 R. Barthes, Was singt in mir ..., a. a. O., S. 49.
43 Ebenda.
44 Ebenda, S. 51.
45 Maurice Blanchot, Nietzsche und die fragmentarische Schrift, in: W. Hamacher, Nietzsche aus Frankreich, Frankfurt/M. 1986, S. 65.
46 R. Barthes, Was singt in mir ..., a. a. O., S. 57.
47 Ebenda, S. 60.
48 Ders., Über mich selbst, München 1978, S. 103.
49 Ders., Die Lust am Text, Frankfurt/M. 1974, S. 74. Ironische Anspielung auf den Satz: »Nietzsche hat bemerkt, daß die ›Wahrheit‹ nur das ›Hart- und Starrwerden‹ alter Metaphern sei.« In: F. Nietzsche, Werke, Bd. III, a. a. O., S. 319, u. bes. Bd. I, S. 51: »Die Metapher ist für den echten Dichter [...] ein stellvertretendes Bild, das ihm wirklich, an Stelle eines Begriffes, vorschwebt.«
50 Ebenda, S. 12.
51 P. Roger, Roland Barthes, a. a. O., S. 15.
52 R. Barthes, Was singt in mir ..., a. a. O., S. 65.
53 Ebenda, S. 68.
54 Ebenda, S. 66.

55 Ders., Le grain de la voix, in: Œuvres complètes, Bd. 3, S. 73. (»Der Körper geht über in die Écriture.«)
56 M. Blanchot, Nietzsche und die fragmentarische Schrift, a. a. O., S. 57.
57 Ebenda, S. 59.
58 Ebenda, S. 50.
59 Ebenda, S. 68.
60 R. Barthes, S/Z, a. a. O., S. 9.
61 Ders., Der romantische Gesang, in: ders., Was singt in mir, der ich höre in meinem Körper das Lied?, Berlin 1979, S. 16.
62 Ders., Le chant romantique, in: Œuvres complètes, Bd. 3, S. 695.
63 Ders., Der romantische Gesang, a. a. O., S. 11.
64 Jean Baudrillard, Vom zeremoniellen zum geklonten Körper: der Einbruch des Obszönen, in: D. Kamper/Ch. Wulf, Die Wiederkehr des Körpers, Frankfurt/M. 1982, S. 360 f.
65 Ebenda, S. 350.
66 Serge Leclaire, Der psychoanalytische Prozeß. Versuch über das Unbewußte und den Aufbau einer buchstäblichen Ordnung, Olten 1971, S. 67.
67 J. Kristeva (Hg.), Folle vérité. Seminaire de Julia Kristeva, hrsg. von J.-M. Ribettes, Paris 1979.
68 Ebenda, S. 104. (»Es ist eine Stimme aus dem Bauch, eine wirkliche Stimme, fest und klar, die eines Individuums, für das die Sätze Ausdruck des Körperlichen sind.«)

II. Écriture – Corporeité

1 Jacques Derrida, Grammatologie, Frankfurt/M. 1974, S. 21.
2 R. Barthes, La peinture est-elle un langage?, in: Œuvres complètes, Bd. 2, S. 539. (»Ist nicht diese Äußerung das Bild selbst?«)
3 Ebenda, S. 540. (»[...] die Arbeit der Lektüre [die das Bild bestimmt] identifiziert sich auf radikale Weise [bis an die Wurzel] mit der Arbeit der écriture: Es gibt keine Kritik mehr, nicht einmal die des über Malerei sprechenden Schriftstellers; es gibt den Grammatographen, welcher die Schrift des Bildes schreibt.«)
4 Vgl. Barthes' weitere Arbeiten in *L'obvie et l'obtus*: L'esprit de la lettre, Erté ou À la lettre, Arcimboldo ou Rhétoriqueur et Magicien, Sémiographie d' André Masson.

5 R. Barthes, Réquichot et son corps, in: Œuvres complètes, Bd. 2, S. 1623-1642.
6 Ders., Cy Twombly ou Non multa sed multum, in: Cy Twombly, Berlin 1983, S. 7-35; ders., Weisheit der Kunst, ebenda, S. 65-94.
7 Ders., Réquichot et son corps, in: Œuvres complètes, Bd. 2, S. 1623.
8 Ebenda.
9 Jacques Derrida, Die soufflierte Rede, in: ders., Die Schrift und die Differenz, Frankfurt/M. 1985, S. 286 f.
10 R. Barthes, Réquichot et son corps, in: Œuvres complètes, Bd. 2, S. 1626.
11 Ebenda, S. 1629. ([...] der ganze Körper ist in seinem Drinnen; dieses Drinnen ist daher zugleich erotisch und verdauend.«)
12 Ebenda, S. 1628. (»Im Werk Réquichots sind alle Zustände der Nahrungsmittelsubstanz [eingenommen, verdaut, ausgeschieden] gegenwärtig: das Kristallisierende, das Rissige, das Faserige, der körnige Brei, die getrockneten Exkremente, erdfarben, der ölige Wasserglanz, der Schanker, die Befleckung, die Eingeweide.«)
13 Ebenda, S. 1630. ([...] sie kehrt zurück in der *différence,* nicht als sich ständig wiederholende Identität.«)
14 Ebenda. (»im Begriff, sich hervorzubringen« – »aus einer Bewegung, die jene der Hand ist: In der écriture ist die Syntax, Begründerin allen Sinnes, wesentlich die Druckkraft des Muskels – des Meta-Muskels«.)
15 Ebenda, S. 1632. (»Der körperliche Sinn der wiederholten Spiralbewegung besteht darin, daß die Hand niemals das Papier verläßt, bevor nicht eine gewisse Wollust ermattet ist [der Sinn wird auf die allgemeine Darstellung verschoben: jede Zeichnung Réquichots ist neu].«)
16 Theodor W. Adorno, Ästhetische Theorie, Frankfurt/M. 1974, S. 191.
17 R. Barthes, Réquichot et son corps, in: Œuvres complètes, Bd. 2, S. 1632.
18 Theodor W. Adorno, Ästhetische Theorie, a. a. O., S. 189.
19 Ein Zitat von Réquichot in Barthes' *Réquichot et son corps*, in: Œuvres complètes, Bd. 2, S. 1635. (»Meine Gemälde: man kann darin Kristalle, Zweige, Grotten, Algen, Schwämme [...] finden.«)
20 Ebenda, S. 1634. (»[...] das Geistige ist nichts anderes als der auf eine andere Wahrnehmungsebene erhobene Körper.«)
21 Ebenda, S. 1639. (»Jeder Blick auf meine Werke ist eine Inbesitznah-

me meines Denkens und meines Herzens [...]. Was ich mache ist nicht dafür geschaffen, angesehen zu werden.«)

22 Vgl. Adornos Äußerung in: Ästhetische Theorie, a.a.O., S. 288.

23 In: Réquichot et son corps, in: Œuvres complètes, Bd. 2, S. 1632. (»Man gräbt auf norwegischen Inseln, sagt Chateaubriand, einige gravierte Urnen mit unentzifferbaren Zeichen aus. Wem gehören diese sterblichen Überreste? Die Winde wissen davon nichts.«)

24 R. Barthes, Le grain de la voix, in: Œuvres complètes, Bd. 2, S. 1303. (»Während es für das Reich der Zeichen ganz anders ist: hier habe ich mir die Freiheit gegeben, vollkommen in die Signifikanten hineinzuschlüpfen, d.h. zu schreiben; auch in stilistischer Hinsicht, worüber wir gerade sprachen, und ich habe mir besonders das Recht genommen, in Fragmenten zu schreiben.«)

25 P. Roger, Roland Barthes, a.a.O., S. 157.

26 R. Barthes, Das Reich der Zeichen, Frankfurt/M. 1981, S. 35.

27 Ebenda, S. 14.

28 Ders., Cy Twombly, in: Œuvres complètes, Bd. 3, S. 1033.

29 Ders., Das Reich der Zeichen, a.a.O., S. 16.

30 Ders., Le grain de la voix, in: Œuvres complètes, Bd. 2, S. 1024. (»Sie sind leer, weil sie nicht wie bei uns auf ein vorhergehendes Signifikat verweisen, verdinglicht unter dem Namen Gott, Wissenschaft, Vernunft, Recht usw.«)

31 Ders., Das Reich der Zeichen, a.a.O., S. 11.

32 Ebenda, S. 18f. (Regen, Samen, Saat, Raster, Gewebe, Text, Schrift.)

33 Ders., Le grain de la voix, in: Œuvres complètes, Bd. 2, S. 1479. (»Ich war glücklich, diesen Text zu schreiben. Es erlaubte mir, mich ein wenig mehr in diesem hedonistischen, oder besser gesagt, erotischen Raum einzurichten, dem des Textes, der Lektüre, des Signifikanten. Mittlerweile fühle ich mich sehr versucht, diesen Weg weiterzugehen, Texte der Lust zu schreiben und in die Theorie eine Reflexion über die Lust am Text, über die Verführung mit aufzunehmen. Man sollte beinahe vom Don-Juanismus des Textes sprechen.«)

34 Ders., Das Reich der Zeichen, a.a.O., S. 109.

35 Ders., Le grain de la voix, in: Œuvres complètes, Bd. 2, S. 1024.

36 Ebenda, S. 96. (»Und was mich da unten fasziniert ist, daß die Zeichensysteme, was ihre Subtilität, ihre Eleganz, auch ihre Kraft angeht, von einer außerordentlichen Virtuosität sind – um doch am Ende leer zu sein«.)

37 Ders., Das Reich der Zeichen, a.a.O., S. 98.

38 Ebenda, S. 102.
39 Ebenda, S. 101.
40 Ebenda, S. 102.
41 Ebenda, S. 113.
42 Ebenda, S. 103 f.
43 Ebenda, S. 108.
44 Ebenda, S. 114.
45 Ders., Non multa sed multum, in: ders., Cy Twombly, Berlin 1983, S. 12.
46 Ebenda, S. 11.
47 Ebenda, S. 19.
48 Ebenda, S. 25.
49 Ebenda.
50 Ebenda, S. 26.
51 Ebenda, S. 30.
52 Ders., Über mich selbst, a. a. O., S. 158.
53 F. Nietzsche, Aus dem Nachlaß der Achtzigerjahre, Werke, Bd. III, hrsg. von Karl Schlechta, München 1960, S. 824.
54 R. Barthes, Non multa sed multum, a. a. O., S. 31.
55 Jacques Lacan, Subversion des Subjekts und Dialektik des Begehrens im Freudschen Unbewußten, in: Schriften II, Freiburg 1975, S. 174.
56 R. Barthes, Non multa sed multum, a. a. O., S. 33.
57 Ebenda, S. 35.
58 Ebenda; vgl. Laotse, Tao te king, Düsseldorf 1972, S. 120:
»Also auch der Berufene:
Er wirkt und behält nicht.
Ist das Werk vollbracht, so verharrt er nicht dabei.
Er wünscht nicht, seine Bedeutung vor andern zu zeigen«.
59 R. Barthes, Weisheit der Kunst, in: ders., Cy Twombly, Berlin 1983, S. 83.

III. Das Imaginäre

1 R. Barthes, Le grain de la voix, in: Œuvres complètes, Bd. 2, S. 1292. (»Worin wird meine Arbeit am nächsten Tag bestehen? Wenn ich mein Begehren, das im Hinblick auf die Arbeit ein gutes Richtmaß darstellt, zu befragen versuche, weiß ich, daß es der Signifikant ist, woran ich arbeiten möchte: ich begehre, im Signifikanten zu arbei-

ten, ich begehre zu schreiben [ich gebe die etwas einschränkende Unreinheit des Wortes zu, ich schließe das, was es von früher her mit sich führen kann, sagen wir an Stilistik in der Konzeption der Tätigkeit des Schreibens, nicht aus]. Anders gesagt, das, was mich wirklich reizen würde, wäre, in dem, was ich ›das Romanhafte im Roman‹ genannt habe, zu schreiben, das Romanhafte ohne die Personen.«)

2 Ebenda, Bd. 3, S. 775. (»Das zweite Argument ist mit meiner Arbeit über das liebende Subjekt verbunden. Dieses Subjekt entwickelt sich prinzipiell innerhalb eines Registers, welches man seit Lacan das Imaginäre nennt – und ich erkenne mich selbst als Subjekt des Imaginären: Ich habe ein lebhaftes Verhältnis zur vergangenen Literatur, weil gerade diese Literatur mir Bilder liefert, mir ein gutes Verhältnis zum Bilde gibt. [...] Das imaginäre Subjekt ist ein an diesbezüglichen Strukturen armer Verwandter, weil es stets weder ganz psychotisch noch ganz neurotisch ist.«)

3 Ders., Fragmente einer Sprache der Liebe, Frankfurt/M. 1984, S. 19.

4 Jacques Lacan, Subversion des Subjekts und Dialektik des Begehrens im Freudschen Unbewußten, in: ders., Schriften II, Freiburg 1975, S. 179.

5 R. Barthes, Fragmente, a. a. O., S. 18.

6 Ebenda, S. 23.

7 P. Roger, Roland Barthes, a. a. O., S. 235. (»Das Ich (*je*), welches ›auf die Bewertung verzichtet‹, ist freilich dasselbe, das sich nicht schreiben kann. Welches ist dieses (*moi*), das sich schreiben wird? Das bedeutet auch, daß das ›unnachgiebige‹ Ich (*je*) hier zugleich der Ort eines Kompromisses ist: schreibend geht es hin zu opfern, es hat ein wenig von seinem Imaginären geopfert. Das Ich (*je*) der Fragmente [...] liebt etwas weniger als das einzig mit sich selbst im Gespräch befindliche Ich (*je*).«)

8 R. Barthes, Die Lust am Text, Frankfurt/M. 1974, S. 31.

9 Ebenda, S. 26.

10 Sigmund Freud, Das Ich und das Es, Frankfurt/M. 1978, S. 175.

11 R. Barthes, Die Lust am Text, a. a. O., S. 20.

12 Ders., Fragmente, a. a. O., S. 153.

13 Ebenda.

14 Plato, Symposion, in: ders., Sämtliche Werke II, Reinbek 1957, S. 206 f.; 173 b.

15 R. Barthes, Fragmente, a. a. O., S. 153.

16 Ebenda, S. 154.

17 Plato, Symposion, a. a. O., S. 209; 175c-d.
18 Ebenda, S. 241; 213a-d.
19 R. Barthes, Fragmente, a. a. O., S. 155.
20 Ebenda.
21 Ebenda, S. 112.
22 Vgl. dazu die Auseinandersetzung Foucaults in: Der Gebrauch der Lüste. Sexualität und Wahrheit, Bd. 2, Frankfurt/M. 1986, bes. das Kap. IV: Erotik, »Eine problematische Beziehung«, sowie seine Äußerungen in »Sex als Moral« (S. 69) und »Geschichte und Homosexualität« (S. 95 f.), beide in: Von der Freundschaft. Michel Foucault im Gespräch, Berlin 1985.
23 Plato, Symposion, a. a. O., S. 211; 178d.
24 Ebenda.
25 R. Barthes, Fragmente, a. a. O., S. 113.
26 Ebenda, S. 112.
27 Jean-Paul Sartre, Heiliger Genet. Komödiant und Märtyrer, in: ders., Schriften zur Literatur, Bd. 4, Hamburg 1982, S. 34 f. Vgl. Jean Genet, Tagebuch eines Diebes, München 1971.
28 R. Barthes, Fragmente, a. a. O., S. 81.
29 Plato, Symposion, a. a. O., S. 211; 178e.
30 R. Barthes, Barthes, a. a. O., S. 231.
31 Ebenda.
32 Ebenda.
33 Plato, Symposion, a. a. O., S. 221; 190d.
34 Ebenda, S. 222; 191d.
35 Alain Finkielkraut, Die Weisheit der Liebe, München 1987; vgl. folgende Passage: »Wenn der Liebhaber also trotz seiner Sehnsucht nach Ruhe seinem Schmerz einen hohen Wert beimißt, so nicht weil er sich irgendeine Lust erschleichen wollte, sondern weil er erkennt, daß sein Begehren kein Hunger ist, der gestillt werden könnte, vielmehr eine Annäherung, deren Objekt immer entweicht.« (S. 75)
36 Plato, Symposion, a. a. O., S. 223; 192d.
37 Ebenda, 192e.
38 R. Barthes, Fragmente, a. a. O., S. 231.
39 Beide unterscheiden im Anschluß an Hegel zwischen »besoin« und »désir«; vgl. Levinas in »Totalité et Infini« und Lacans Überlegungen in »Die Bedeutung des Phallus« (in: Schriften II, S. 121 f.) und in »Das Begehren, das Leben und der Tod« (in: Das Ich in der Theorie Freuds und in der Technik der Psychoanalyse, Olten/Freiburg 1980,

S. 281). Lacan faßt dort das Begehren als »eine Beziehung des Seins zum Mangel« (S. 283).

40 Emmanuel Levinas, Totalité et Infini, Paris 1980. Vor allem »Section 4«, »Au delà du visage« (S. 232) (»das Abenteuer als Rückkehr zu sich selbst«).

41 Ebenda (»rastlose Bewegung, Bewegung ohne Ziel in der Zukunft, niemals hinreichend Zukunft«).

42 E. Levinas, Die Zeit und der Andere, Hamburg 1984, S. 60.

43 A. Finkielkraut, Die Weisheit der Liebe, a. a. O., S. 29.

44 E. Levinas, Totalité et Infini, a. a. O., S. 232. (»Aber die Liebe geht auch über den Geliebten hinaus.«)

45 J. Lacan, Die Bedeutung des Phallus, a. a. O., S. 127.

46 Ders., Das Ich in der Theorie Freuds und die Technik der Psychoanalyse, a. a. O., S. 271.

47 Plato, Symposion, a. a. O., S. 228; 197e.

48 R. Barthes, Fragments d'un discours amoureux, in: Œuvres complètes, Bd. 3, S. 531. (Fragmente, a. a. O., S. 264: »Die Liebe ist stumm, sagt Novalis, einzig die Poesie bringt sie zum Sprechen.«)

49 Plato, Symposion, a. a. O., S. 239; 210d.

50 R. Barthes, Fragmente, a. a. O., S. 192.

51 Vgl. Barthes' Anmerkungen zu den Fragmenten in den Entretiens, Le grain de la voix, in: Œuvres complètes, Bd. 3, S. 776.

52 J.W. Goethe, Die Leiden des jungen Werther, Frühe Prosa, dtv-Gesamtausgabe, Bd. 13, München 1962, S. 54 f.

53 Ebenda.

54 Ebenda.

55 R. Barthes, Fragmente, a. a. O., S. 129.

56 S. Freud, Massenpsychologie und Ich-Analyse, Frankfurt/M. 1971, Kap. VIII, S. 50 ff.

57 Ebenda, S. 52.

58 Ebenda, S. 53.

59 R. Barthes, Fragmente, a. a. O., S. 130.

60 Goethe, Die Leiden ..., a. a. O., S. 62.

61 R. Barthes, Fragmente, a. a. O., S. 130.

62 Goethe, Die Leiden ..., a. a. O., S. 41.

63 R. Barthes, Fragmente, a. a. O., S. 133.

64 Ebenda.

65 Ebenda, S. 39.

66 J. Lacan, Seminar I, Olten/Freiburg 1978, vgl. S. 230.

67 Goethe, Die Leiden ..., a. a. O., S. 53.
68 Ebenda, S. 54.
69 Ebenda.
70 R. Barthes, Fragmente, a. a. O., S. 150.
71 La Rochefoucauld, Maxime Nr. 136, in: R. Barthes, Fragmente, a. a. O., S. 150.
72 Ebenda, S. 147.
73 Ebenda, S. 146.
74 Ebenda, S. 162.
75 Ebenda. S. 137; vgl. auch dazu die Passage aus G.C. Tholen zu »Ich liebe dich« in seinem Aufsatz: Liebe ohne Mangel. Stichworte zu Roland Barthes: Fragmente einer Sprache der Liebe, in: Fragmente 14, 15, Schriftenreihe zur Psychoanalyse, April 1985, S. 249-255.
76 Luce Irigaray, Wenn unsere Lippen sich sprechen, in: dies., Das Geschlecht, das nicht eins ist, Berlin 1979, S. 211 f.
77 Ebenda, S. 211.
78 R. Barthes, Fragmente, a. a. O., S. 142.
79 Goethe, Die Leiden ..., a. a. O., S. 115 f.
80 Auf einem Seminar bei Stefan Becker zu Ehren von Dr. Rudolf Eckstein referierte die Berliner Psychoanalytikerin Esther S. Schulz-Goldstein die Fallgeschichte eines psychotischen Jungen, der zu Beginn der Therapie nicht sprach, sich schlug usw. Was mich daran vor allem bewegt hat und was hier zum Thema gehört, ist, daß der Junge nach vielen Behandlungsstunden (s)eine Sprache fand und sinngemäß zur Analytikerin sagte, sie solle seine Worte in Seidentücher einwickeln!
81 R. Barthes, Fragmente, a. a. O., S. 40.
82 Ebenda, S. 30.
83 Goethe, Die Leiden ..., a. a. O., S. 84.
84 R. Barthes, Fragmente, a. a. O., S. 31.
85 Goethe, Die Leiden ..., a. a. O., S. 113.
86 Ebenda.
87 S. Freud, Jenseits des Lustprinzips, in: ders., Gesammelte Werke, Bd. XIII, Frankfurt/M. 1967, S. 11 ff.
88 J. Lacan, Seminar I, a. a. O., S. 165.
89 Vgl. die Kritik von Hélène Cixous an Lacans Bestimmung, daß die Frau aus dem Symbolischen, der Sprache, der Kultur ausgeschlossen sei; vor allem in: Geschlecht oder Kopf?, in: H. Cixous, Die unendliche Zirkulation des Begehrens, Berlin 1977, S. 24.

90 J. Lacan, Seminar I, a. a. O., S. 165.
91 Ebenda, S. 166.
92 R. Barthes, Fragmente, a. a. O., S. 45.
93 A. Finkielkraut, Die Weisheit der Liebe, a. a. O., S. 38 f.
94 R. Barthes, Le grain de la voix, in: Œuvres complètes, Bd. 3, S. 774. (»Es gibt gerade unter seinen Fragmenten des liebenden Diskurses eine Gestalt, die einen griechischen Namen trägt, das Adjektiv, welches man für Sokrates verwandte. Man sagte, daß Sokrates im Entwurf war, soll heißen ›ohne Ort‹, nicht klassifizierbar [...] ohne für die Tatsache einzutreten, daß ich nicht klassifizierbar bin, muß ich anerkennen, daß ich immer stoßweise und in Phasen gearbeitet habe.«)
95 Ebenda, S. 79; vgl. auch die Arbeit von Julia Kristeva: Histoires d'amour, Paris 1983.
96 R. Barthes, S/Z, a. a. O., vgl. S. 115.
97 Ders., Fragmente, a. a. O., S. 178.
98 Goethe, Die Leiden ..., a. a. O., S. 85.
99 Ebenda, S. 73.
100 Ebenda, S. 71.
101 Ebenda.
102 Ebenda, S. 148.
103 R. Barthes, Fragmente, a. a. O., S. 178.
104 Ebenda, S. 157.
105 S. Freud, Fetischismus, in: ders., Gesammelte Werke, Bd. XIV, Frankfurt/M. 1967.
106 Ebenda, S. 312.
107 Ebenda, S. 313.
108 Ebenda, S. 315.
109 Vgl. Serge Leclaire, Der psychoanalytische Prozeß, Freiburg 1971, S. 56.
110 Goethe, Die Leiden ..., a. a. O., S. 63.
111 Ebenda, S. 71.
112 Ebenda, S. 116.
113 Ebenda, S. 133.
114 Eissler betont, daß Goethe sogar vom »Verrat« der Schwester gesprochen hat, als sie heiratete: Kurt R. Eissler, Goethe. Eine psychoanalytische Studie, Bd. 1, Frankfurt/M. 1984, S. 146.
115 R. Barthes, Fragmente, a. a. O., S. 159.
116 Ebenda, S. 158.

117 J. Lacan, Schriften 1, a.a.O., S. 143.
118 Ebenda, S. 144.
119 R. Barthes, La chambre claire. Note sur la photographie, Paris 1980, dt.: Die helle Kammer. Bemerkungen zur Photographie, Frankfurt/M. 1985. Da die Verfasserin wechselnd aus beiden Ausgaben zitiert, würde es schwer überschaubare Belegstellenhäufungen geben, wenn man jeweils vollständige Angaben zu benutzten Texten machen würde. Um diese zu vermeiden, werden sie mit den Nummern der immer leicht überschaubaren von Barthes durchnummerierten Bemerkungen angegeben. So sind die Belege leicht in *jeder* Ausgabe zu finden.
120 P. Roger, Roland Barthes, a.a.O., S. 198.
121 R. Barthes, La chambre claire, 2; vgl. dazu Lacans Bestimmung der Tyché als »la rencontre du réel« in dem Aufsatz: L'inconscient et la répétition, in: ders., Le séminaire, Bd. XI: Les quatre concepts fondamentaux de la psychanalyse, Paris 1973, S. 53. Die helle Kammer, 2: »das absolute BESONDERE, die unbeschränkte, blinde und gleichsam unbedarfte KONTINGENZ, das BESTIMMTE, die TYCHE, der ZUFALL, das ZUSAMMENTREFFEN, das WIRKLICHE«.
Anm. d. Übers.: Tyche (grch.) – Göttin der Schicksalsfügung, vor allem des Gelingens. In mehr wissenschaftlicher Bedeutung ist Tyche die vom menschlichen Denken nicht erkannte, vielleicht gar nicht erkennbare und dann Zufall genannte Ursache.
122 R. Barthes, Die helle Kammer, 3.
123 Ders., La chambre claire, 5: »ich erfahre dabei im kleinen das Ereignis des Todes«.
124 Ebenda, 5: »dieser Kopfhalter war der Sockel der Statue, die ich werden sollte, das Korsett meines imaginären Wesens«.
125 Ebenda, 5: »Was ich letztlich auf der Photographie suche, die man von mir macht, ist der TOD: der TOD ist das *eidos* dieser PHOTOGRAPHIE.«
126 Ders., Sur la photographie, in: Œuvres complètes, Bd. 3, S. 1237. »Will man wirklich ernsthaft über die Photographie sprechen, so muß man sie in Beziehung zum Tod setzen.«
127 J. Derrida, Die Tode von Roland Barthes, Berlin 1987, S. 13.
128 W. Benjamin, Kleine Geschichte der Photographie, in: ders., Das Kunstwerk im Zeitalter seiner technischen Reproduzierbarkeit, Frankfurt/M. 1963, S. 78. Das von Benjamin beschriebene Photo ist in dem sehr schönen Kafka-Buch von Klaus Wagenbach abgebildet,

der Kafkas Alter auf etwa vier Jahre schätzt: Klaus Wagenbach, Franz Kafka. Bilder aus seinem Leben, Berlin 1983, S. 28.
129 W. Benjamin, Kleine Geschichte der Photographie, a. a. O., S. 78.
130 Ders., Berliner Kindheit um Neunzehnhundert, Frankfurt/M. 1962, S. 70 f.
131 Ders., Kleine Geschichte der Photographie, a. a. O., S. 87.
132 Ebenda, S. 83.
133 Ders., Das Kunstwerk im Zeitalter seiner technischen Reproduzierbarkeit, a. a. O., S. 46.
134 Ders., Kleine Geschichte der Photographie, a. a. O., S. 86.
135 Ebenda, S. 92.
136 R. Barthes, La chambre claire, 7: »Umgekehrt gilt: ohne Geschehnis kein Photo.«
137 J.-P. Sartre, Das Imaginäre. Phänomenologische Psychologie der Einbildungskraft, Hamburg 1980; vgl. besonders den Abschnitt 8, S. 72 f.
138 R. Barthes, La chambre claire, 7: »Das Photo selbst ist völlig unbeseelt [...], doch mich beseelt es: darin gerade besteht jegliches Geschehnis.«
139 J.-P. Sartre, Das Imaginäre, a. a. O., 8, S. 79.
140 R. Barthes, La chambre claire, 11: »Das *studium* führt zur Gattung des to *like* und nicht des to *love*.«
141 Ders., Rhétorique de l'Image, in: Œuvres complètes, Bd. 1, S. 1417-1429.
142 In: Œuvres complètes, Bd. 1, S. 938-948.
143 E. Levinas, Ethik und Unendliches, hrsg. von Peter Engelmann, Graz 1986, S. 13.
144 R. Barthes, Le message photographique, in: Œuvres complètes, Bd. 1, S. 946.
145 J. Derrida, Die Tode von Roland Barthes, a. a. O., S. 16.
146 Ebenda.
147 Ebenda, S. 17.
148 Ebenda, S. 8, 18.
149 Ebenda, S. 40.
150 P. Roger, Roland Barthes, a. a. O., S. 215.
151 R. Barthes, La chambre claire, 21: »müßte man sogar von einer *lebendigen Unbeweglichkeit* sprechen«: »an ein Detail (einen Zünder) gebunden, bewirkt eine Explosion einen kleinen sternförmigen Sprung im Glas des Textes oder der Photographie: weder

das HAIKU noch das PHOTO lassen einen ins Schwärmen geraten«.

152 Ebenda, 7: »es beseelt mich, und ich beseele es«.

153 P. Roger, Roland Barthes, a. a. O., S. 220 (»wurde zum ›Narrator‹ einer unendlichen Wollust«).

154 Ebenda, S. 221.

155 Marcel Proust, Auf der Suche nach der verlorenen Zeit, Frankfurt/M. 1979, S. 2254 ff.

156 Ebenda, S. 2255.

157 R. Barthes, La chambre claire, 36: »das, was gewesen ist«.

158 Ebenda.

159 Ebenda, 36: »Die Kraft des Authentischen übertrifft das Vermögen zur Repräsentation.«

160 Vgl. ebenda, 38: »Michelet conçut l'Histoire comme une Protestation d'amour: perpétuer, non seulement la vie, mais aussi ce qu'il appelait, dans son vocabulaire, aujourd'hui démodé, le Bien, la Justice, l'Unité, etc.« »Michelet empfand die Geschichte wie eine Liebesbekundung: nicht allein das Leben verewigen, sondern auch das, was er in seiner heute veralteten Sprache das Gute, die Gerechtigkeit, die Einheit, usw. nannte.«

161 Ebenda.

162 Ebenda, 39.

163 P. Roger, Roland Barthes, a. a. O., S. 219.

164 Ebenda, S. 270. (»Die Zeit von *Die helle Kammer* ist in der Weise écriture, daß sie das gesamte Erinnerungsvermögen des Subjektes mobilisiert: Wiederzufindende Zeiten, romantische Zeiten, ruft Umschwünge hervor, verneint die Dauer.«)

165 R. Barthes, La chambre claire, 41: »Geradeso das PHOTO: es kann nicht *sagen*, was es zeigt.«

166 Ebenda, 44: »so besteht das Wesen des Bildes darin, ganz außen zu sein, ohne Intimität, und dennoch unzugänglicher und rätselhafter als die innere Vorstellung; [...] von jener Anwesenheit-Abwesenheit, die die Verlockung und Faszination der Sirenen ausmacht.« (Blanchot).

167 E. Levinas, Sprache und Nähe; in: ders., Die Spur des Anderen. Untersuchungen zur Phänomenologie und Sozialphilosophie, Freiburg 1987, S. 285.

168 J. Derrida, Die Tode ..., a. a. O., S. 26 f.

169 R. Barthes, La chambre claire, 45. Vgl. dort seine Ausführungen zum Mythos »Frau ohne Schatten«.

170 Ebenda, 45: *»So, ja, so, und weiter nichts.«*
171 J. Derrida, Die Tode ..., a. a. O., S. 19.
172 Ebenda.
173 R. Barthes, Die helle Kammer, 28.
174 Ders., La chambre claire, 46: »daß jeder, der einem direkt in die Augen blickt, verrückt ist«. – Vgl. dazu auch Lacans Ausführungen: »L'œil et le regard, telle est pour nous la schize dans laquelle se manifeste la pulsion au niveau du champ scopique.« In: Le Séminaire, Bd. XI, a. a. O., S. 70. »Das Auge und der Blick – dergestalt erscheint uns der Wahnsinn, in welchem sich der Anstoß im Bereich des Scheins manifestiert.«
175 Vgl. R. Barthes, Droit dans les yeux, in: Œuvres complètes, Bd. 3, S. 737-740. Hier entwickelte Barthes erste grundlegende Gedanken in einer Arbeit über »Le Regard«.
176 Ebenda, S. 738. (»Kann man nicht sagen, daß jene sechs Wochen genau die sind, in denen die menschliche Seele geboren wird?«)
177 Barthes übernimmt hier den Titel von Julia Kristeva: »Folle vérité«. Vgl. ebenda, 46.
178 R. Barthes, La chambre claire, 47.
179 Ebenda, 47: »devenu fou pour cause de Pitié«.
180 Ders., Begebenheiten, Mainz 1988, S. 43.
181 Ders., La chambre claire, 2: »Elle est le Particulier absolu, la Contingence souveraine, mate et comme bête, le Tel (telle photo, et non la Photo), bref, la Tuché, l'Occasion, la Recontre, le Reel, dans son expression infatigable.« (Vgl. oben, Anm. 121).
182 Ders., Die helle Kammer, 2.
183 P. Engelmann (Hg.), Recht auf Einsicht. Inszenierung und Montage: B. Peters, Marie-Françoise Plissart. Mit einer Lektüre von Jacques Derrida, Wien/Graz 1985, S. V.
184 Vgl. Barthes, La chambre claire, 34: »La photo est littéralement une émanation du réferent.« Vgl. dazu auch in: P. Engelmann (Hg.), Recht auf Einsicht, a. a. O., S. XXXI: »Das ist unbestreitbar [...]. Barthes sagt es.«
185 J. Derrida, a. a. O., S. XXXI.
186 R. Barthes, Die helle Kammer, 37.
187 Ebenda, 35.
188 Ebenda, 21.
189 J. Derrida, Recht auf Einsicht, a. a. O., S. II. Derrida liest diesen Aufschub im Liebesspiel der beiden »Damen« wie auch im Dame-Brett-

spiel: Wer setzt den nächsten Zug? Eingerahmt, fokussiert ist die Szenerie in jedem Fall; hier das umgrenzte Dame-Brett mit den Figuren (vgl. Photoserie S. 53 und nochmals S. 66 f.), dort die leere »Spielfläche« der bloßen Matratze.

190 R. Barthes, Die helle Kammer, 29.

191 Vgl. Italo Calvino, In Memoriam Roland Barthes. »La Repubblica«, 9. April 1980, in: ders., Kybernetik und Gespenster. Überlegungen zu Literatur und Gesellschaft, München 1984, S. 174. Barthes' eigene Äußerungen in dieser Richtung: »So bewältigte ich, auf meine Weise, den Tod.« Oder: »Ich konnte nur noch auf meinen vollständigen, undialektischen Tod warten.« (Die helle Kammer, 29)

192 R. Barthes, Die helle Kammer, 33.

193 J. Derrida, Recht auf Einsicht, a.a.O., S. V.

194 R. Barthes, Die helle Kammer, 37.

195 Ebenda, 38.

196 E. Levinas, Ethik und Unendliches, a.a.O., S. 13.

197 Ders., Die Zeit und der Andere, Hamburg 1984, S. 48.

198 Ders., Ethik und Unendliches, a.a.O., S. 65.

199 Ders., Die Zeit und der Andere, a.a.O., S. 42.

200 Ebenda, S. 43.

201 Ders., Ethik und Unendliches, a.a.O., S. 75.

202 Ders., Die Zeit und der Andere, a.a.O., S. 60.

203 Ebenda. – Vgl. R. Denker, Jüdisches Denken in der Französischen Philosophie der Gegenwart. – Emmanuel Levinas als Modellfall, Tübingen 1994.

204 J. Derrida, Die Tode ..., a.a.O., S. 32; vgl. auch J.-P. Dubost: »Dasein zum Tode wird nicht nur gedacht, sondern auch und vor allem geschrieben.«, in: D. Kamper/W. van Reijen (Hg.), Die unvollendete Vernunft: Moderne versus Postmoderne, Frankfurt/M. 1987, S. 516.

205 J. Derrida, Die Tode ..., a.a.O., S. 42.

206 R. Barthes, Über mich selbst, a.a.O., S. 148.

207 Ebenda, S. 149.

208 Ebenda.

209 Ebenda, S. 148.

210 Ebenda, S. 149.

211 R. Barthes, Le degré zéro de l'écriture suivi de Nouveaux Essais critiques, in: Œuvres complètes, Bd. 1, S. 146.

212 Ders., Über mich selbst, a.a.O., S. 82.

213 Ebenda.

214 Maurice Blanchot, Die Suche nach dem Nullpunkt, in: ders., Der Gesang der Sirenen, München 1962, S. 283.
215 Ebenda.
216 Ebenda.
217 R. Barthes, Über mich selbst, a.a.O., S. 96.
218 Ebenda, S. 61.
219 Ebenda, S. 155.
220 Ebenda, S. 76.
221 Ebenda, S. 75.
222 Ebenda.
223 Ebenda, S. 81.
224 Ebenda, S. 62.
225 J. Derrida, Die Tode ..., a.a.O., S. 15.
226 R. Barthes, Über mich selbst, a.a.O., S. 92.
227 Ebenda.
228 Ebenda, S. 93.
229 Ebenda, S. 63; vgl. hierzu die These von Raimund Theis, daß für Barthes die Musik als Paradigma schlechthin in der Auseinandersetzung mit der Literaturtheorie galt. R. Theis, Roland Barthes, in: W.-D. Lange (Hg.), Französische Literaturkritik der Gegenwart in Einzeldarstellungen, Stuttgart 1975, S. 252-278.
230 R. Barthes, Über mich selbst, a.a.O., S. 61.
231 Ebenda, S. 117. Wie bedeutend Nietzsche als intertextuelle Referenz für den »späten« Barthes wurde, wird an dieser Stelle noch einmal deutlich; diese Beziehung weiter zu vertiefen wäre eine eigene Untersuchung wert.
232 Ebenda, S. 103.
233 Ebenda.
234 Ebenda, S. 102.
235 Ebenda, S. 103.
236 Ebenda, S. 102.
237 E. Levinas, Die Spur des Anderen, a.a.O., S. 294.
238 Ders., Zehn unhistorische Sätze über Kabbala, in: Judaica 3, Frankfurt/M. 1981, S. 271.
239 R. Barthes, Über mich selbst, a.a.O., S. 103.
240 Ebenda, S. 91.
241 J.B. Fages, Comprendre Roland Barthes, Toulouse 1979, S. 217. (»Schreiben als Spiel mit dem Imaginären.«)
242 Ebenda, S. 197.

243 Ebenda, S. 195. (»Bedeutungsgebende Produktivität als Ort, an dem das Subjekt sich einschreibt, wo es sich erzeugt.«)
244 P. Thody, Roland Barthes. A Conservative Estimate, London 1977, S. 140.
245 Ebenda, S. 151.
246 R. Brütting, »écriture« und »texte«. Die französische Literaturtheorie »nach dem Strukturalismus«, Bonn 1976.
247 Ebenda, S. 62.
248 Louis-Jean Calvet, Roland Barthes. Un regard politique sur le signe, Paris 1973.
249 P. Roger, Roland Barthes, a. a. O., S. 165. Zit. nach: M. Beaujour, Miroirs d'encre, Paris 1980, S. 170.
250 In: P. Roger, Roland Barthes, a. a. O., S. 163.
251 Ebenda, S. 180. Dieses Zitat Barthes' stammt aus dem Vorwort zu den *Essais critiques*.
252 R. Barthes, Über mich selbst, a. a. O., S. 137.
253 J. Lacan, Eine materialistische Definition des Bewußtseinsphänomens, in: ders., Das Ich in der Theorie Freuds und in der Technik der Psychoanalyse, Olten/Freiburg 1980, S. 60. Vgl. auch den Zusammenhang, den M. Frank zu den »Verdopplungen« des Subjekts im Denken von Nietzsche und Lacan feststellt, auch wenn vieles bei Nietzsche wieder im »Kantianer« aufgeht. Nietzsche: »Es denkt: aber daß dies ›es‹ gerade jenes alte berühmte ›Ich‹ sei, ist milde geredet, nur eine Annahme, eine Behauptung, vor allem keine ›unmittelbare‹ Gewißheit.« (M. Frank, Was ist Neostrukturalismus?, Frankfurt/M. 1984, S. 263 ff.)
254 Vgl. Barthes' Motto zu Beginn des Buches.
255 R. Barthes, Über mich selbst, a. a. O., S. 166.
256 Ebenda, S. 182 f.
257 Ebenda, S. 182.
258 J. Lacan, Eine materialistische Definition des Bewußtseinsphänomens, a. a. O., S. 61. Vgl. auch dazu Franks klare Darstellung der beiden »Subjekte« Lacans in der 19. Vorlesung, auch wenn ich die weiteren Schlußfolgerungen nicht vollständig teile. (In: Was ist Neostrukturalismus?, a. a. O., S. 376-399.)
259 R. Barthes, Über mich selbst, a. a. O., Bildteil.
260 Ebenda, Bildteil.
261 J. Lacan, eine materialistische Definition des Bewußtseinsphänomens, a. a. O., S. 68.

262 Ebenda.
263 R. Barthes, Über mich selbst, a. a. O., S. 138.
264 J. Lacan, Eine materialistische Definition ..., a. a. O., S. 68.
265 R. Barthes, Über mich selbst, a. a. O., S. 146.
266 Ebenda, Bildteil.
267 Vgl. Lacans Beschreibung von Faszination und Schrecken in obigem Aufsatz, a. a. O., S. 68.
268 R. Barthes, Über mich selbst, a. a. O., Bildteil.
269 Ebenda.
270 Ebenda.
271 Ebenda.
272 Ebenda, S. 130.
273 J. Lacan, Der Traum von Irmas Injektion, in: ders., Das Ich in der Theorie Freuds ..., a. a. O., S. 213.
274 R. Barthes, Über mich selbst, a. a. O., S. 208.

Literaturhinweise

1. Werke von Roland Barthes (chronologisch nach französischen Erstausgaben)

Le degré zéro de l'écriture, Paris 1953, 1972 (dt.: Am Nullpunkt der Literatur, Frankfurt/M. 1982, 1985).
Michelet par lui-même, Paris 1954 (dt.: Michelet, Frankfurt/M. 1984).
Mythologies, Paris 1957 (dt.: Mythen des Alltags, Frankfurt/M. 1964, 1996).
Sur Racine, Paris 1960/63.
Essais critiques, Paris 1964.
Éléments de semiologie, Paris 1964/65 (dt.: Elemente der Semiologie, Frankfurt/M. 1983).
Critiques et vérité, Paris 1966 (dt.: Kritik und Wahrheit, Frankfurt/M. 1967, 1991).
Système de la mode, Paris 1967 (dt.: Die Sprache der Mode, Frankfurt/M. 1985, 1993).
L'empire des signes, Genf 1970 (dt.: Das Reich der Zeichen, Frankfurt/M. 1981, 1995).
S/Z, Paris 1970 (dt.: S/Z, Frankfurt/M. 1976, 1994).
Sade, Fourier, Loyola, Paris 1971 (dt.: Sade, Fourier, Loyola, Frankfurt/M. 1974, 1986).
Le plaisir du texte, Paris 1973 (dt.: Die Lust am Text, Frankfurt/M. 1974, 1996).
Roland Barthes par Roland Barthes, Paris 1975 (dt.: Über mich selbst, München 1978).
Fragments d'un discours amoureux, Paris 1977 (dt.: Fragmente einer Sprache der Liebe, Frankfurt/M. 1984, 1996).
Leçon, Paris 1978 (dt.: Leçon. Lektion (Franz. u. Deutsch), Antrittsvorlesung im Collège de France, Frankfurt/M. 1980, 1988).
Wilhelm von Gloeden, Neapel 1978.
Sollers écrivain, Paris 1979.
La chambre claire. Note sur la photographie, Paris 1980 (dt.: Die helle Kammer. Bemerkung zur Photographie, Frankfurt/M. 1985, 1996).

Le grain de la voix. Entretiens 1962-1980, Paris 1981 (dt.: Die Rauheit der Stimme. Interviews 1962-1980, Frankfurt/M. 1989).
Literatur oder Geschichte, Frankfurt/M. 1981, 1987.
L'obvie et l'obtus. Essais critiques III, Paris 1982 (dt.: Der entgegenkommende und der stumpfe Sinn. Kritische Essays III, Frankfurt/M. 1990, 1993. Teile daraus in deutsch als: Was singt in mir, der ich höre in meinem Körper das Lied, Berlin 1979. Cy Twombly, Berlin 1983).
Le bruissement de la langue. Essais critiques IV, Paris 1984 (dt.: Das Rauschen der Sprache. Kritische Essays IV, Frankfurt/M. 1997).
L'aventure sémiologique, Paris 1985 (dt.: Semiologisches Abenteuer, Frankfurt/M. 1988, 1994).
Incidents, Paris 1987 (dt.: Begebenheiten, Mainz 1988).
Œuvres complètes, hrsg. von Éric Marty, Paris 1993 ff.; Bd. 1: 1942-1965; Bd. 2: 1966-1973; Bd. 3: 1974-1980.

2. Werke von Roland Barthes in Zusammenarbeit mit anderen Autoren – sonstige vereinzelte Texte

Mit W. Kayser/W.C. Booth/Ph. Hamon: Poétique du récit, Paris 1977.
Mit L. Bersani/Ph. Hamon/M. Riffaterre/I. Watt: Littérature et réalité, Paris 1982.
Interview mit Ellis Donda und Ruggero Guarini: Io e Sartre, in: Panorama, 27.4.1980, S. 138-141.
Schreiben als Verausgabung für Nichts, in: Freibeuter 6, 1980.
Culture et tragédie, in: Le monde, 4.3.1986, S. 18 f.
Historie und ihr Diskurs, in: Die Alternative, 62/63, 1968, S. 171-180.
Immer noch oder schon wieder?: der Körper, in: taz, 4.11.1982.

3. Zeitschriften (Sondernummern)

Tel Quel, Nr. 47, 1971.
L'Arc, Nr. 56, 1974.
Poétique, Nr. 47, 1981.
Revue d'Estétique, Nr. 2, 1981.
Critique, Nr. 423-424, 1982.
Communications, Nr. 36, 1982.

4. Sekundärliteratur

Theodor W. Adorno, Über Walter Benjamin, Frankfurt/M. 1970.

Ders., Ästhetische Theorie, Frankfurt/M. 1974.

Louis Althusser, Freud und Lacan, Berlin 1970.

Jürg Altwegg/Aurel Schmidt, Französische Denker der Gegenwart. Zwanzig Portraits, München 1987.

Honoré de Balzac, Meisternovellen, Zürich 1953.

Walter Benjamin, Berliner Kindheit um Neunzehnhundert, Frankfurt/M. 1962.

Ders., Das Kunstwerk im Zeitalter seiner technischen Reproduzierbarkeit. Drei Studien zur Kunstsoziologie, Frankfurt/M. 1963.

Réda Bensmaia, Barthes à l'Essai, Tübingen 1986.

Manfred Bierwisch, Strukturalismus. Geschichte, Probleme und Methoden, in: Kursbuch 5, 1966, S. 77-152.

Maurice Blanchot, Der Gesang der Sirenen. Essays zur modernen Literatur, München 1962.

Gernot Böhme, Anthropologie in pragmatischer Hinsicht. Darmstädter Vorlesungen, Frankfurt/M. 1985.

Bertolt Brecht, Schriften zur Literatur und Kunst I, in: ders., Gesammelte Werke, Bd. 18, Frankfurt/M. 1967.

Ders., Schriften zum Theater I, in: ders., Gesammelte Werke, Bd. 15, Frankfurt/M. 1967.

Ders., Schriften zur Literatur und Kunst II, in: ders., Gesammelte Werke, Bd. 19, Frankfurt/M. 1967.

Ders., Gesammelte Werke, Frankfurt/M. 1967.

Andrew Brown, The figures of writing, Oxford 1992.

Pascal Bruckner/Alain Finkielkraut, Die neue Liebesunordnung, 2. Aufl., München/Wien 1979.

Richard Brütting, »écriture« und »texte«. Die französische Literaturtheorie »nach dem Strukturalismus«, Bonn 1976.

Bruno Buike, Grundbegriffe der strukturalistischen Linguistik in Tabellen: Graphiken zu Roland Barthes' »Semiologie«, Marburg 1996.

Angelika Burkart, Zwischenspiel: Mythen des Alltags, in: Beiträge zur romanischen Philologie XII, Heft 1, 1973, S. 21-53.

Dies., Die Entwicklung Roland Barthes' zum literaturtheoretischen Formalismus, Berlin 1975.

Michel-Antoine Burnier/Patrick Rambaud, Le Roland-Barthes sans peine, Paris 1978.

Louis-Jean Calvet, Roland Barthes. Un regard politique sur le signe, Paris 1973.
Ders., Roland Barthes: 1915-1980, Paris 1990 (dt.: Roland Barthes. Eine Biographie, Frankfurt/M. 1993).
Italo Calvino, Barthes e i raggi luminosi, in: La Repubblica, 9.4.1980.
Ders., Kybernetik und Gespenster. Überlegungen zu Literatur und Gesellschaft, München 1984.
Albert Camus, Der erste Mensch, Reinbek 1995.
Roland Champagne, Literary History In The Wake Of Roland Barthes: Re-Defining The Myths Of Reading, Birmingham/Alabama 1984.
Hélène Cixous, Die unendliche Zirkulation des Begehrens. Weiblichkeit in der Schrift, Berlin 1977.
Dies., Weiblichkeit in der Schrift, Berlin 1980.
Bernard Comment, Roland Barthes. Vers le neutre. Essai, Paris 1991.
Diane Hoequist Cross, The post-structuralist literary theory of Roland Barthes applied to Judges 19-21 the rape of the Levite's concubine, 1991.
Jonathan D. Culler, Roland Barthes, London/New York 1983.
Ulrich Dausendschön, Über Barthes' »Exercitia spiritualia« und die strukturalistische Tätigkeit, in: Sprache im technischen Zeitalter, 43, 1972, S.245-249.
Gilles Deleuze, Woran erkennt man den Strukturalismus?, in: Geschichte der Philosophie, hrsg. von F. Châtelet, Bd. VIII, Frankfurt/Berlin/Wien 1974, S.269 ff.
Rolf Denker, Selbst-Bild als Fremdentwurf. Aufsätze zur Philosophie von Kant bis Bloch, Tübingen 1985.
Ders., Jüdisches Denken in der Französischen Philosophie der Gegenwart. Emmanuel Levinas als Modellfall, Tübingen 1994.
Ders., Anna Freud zur Einführung, Hamburg 1995.
Jacques Derrida, Grammatologie, Frankfurt/M. 1974.
Ders., Die Stimme und das Phänomen, Frankfurt/M. 1979.
Ders., Die Schrift und die Differenz, Frankfurt/M. 1985.
Ders., Die Tode von Roland Barthes, hrsg. von A. von Amelunxen, Berlin 1987.
Ders., Die Wahrheit in der Malerei, Wien 1992.
Vincent Descombes, Das Selbe und das Andere. Fünfundvierzig Jahre Philosophie in Frankreich 1933-1978, Frankfurt/M. 1981.
Umberto Eco, E morto Roland Barthes, in: La Repubblica, 28.3.1980.
Ders., Über Gott und die Welt. Essays und Glossen, München 1985.

K.R. Eissler, Goethe. Eine psychoanalytische Studie, 2 Bde., Frankfurt/M. 1983.
Peter Engelmann (Hg.), Philosophien: Gespräche mit Michel Foucault u.a., Graz/Wien 1985.
Franck Evrard, Roland Barthes, Paris 1994.
J.-B. Fages, Comprendre Roland Barthes, Toulouse 1979.
Helmut Fahrenbach, Brecht zur Einführung, Hamburg 1986.
Alain Finkielkraut, La sagesse de l'amour. Essay, Paris 1984.
Ders., Die Weisheit der Liebe, München/Wien 1987.
Michel Foucault, Die Ordnung des Diskurses, München 1974.
Ders., Von der Subversion des Wissens, hrsg. von W. Seitter, München 1974.
Ders., Dies ist keine Pfeife, München 1974.
Ders., Dispositive der Macht. Michel Foucault über Sexualität, Wissen und Wahrheit, Berlin 1978.
Ders., Der Gebrauch der Lüste. Sexualität und Wahrheit, Bd. 2, Frankfurt/M. 1986.
Ders., Von der Freundschaft als Lebensweise. Michel Foucault im Gespräch, Berlin o.J.
Manfred Frank, Das Sagbare und das Unsagbare. Studien zur neuen französischen Hermeneutik und Texttheorie, Frankfurt/M. 1980.
Ders., Textauslegung, in: Erkenntnis der Literatur, hrsg. von D. Harth/P. Gebhardt, Stuttgart 1983, S. 123-160.
Ders., Was ist Neostrukturalismus?, Frankfurt/M. 1984.
Ivo Frenzel, Nietzsche in Selbstzeugnissen und Bilddokumenten, Reinbek 1966.
Sigmund Freud, Massenpsychologie und Ich-Analyse. Die Zukunft einer Illusion, Frankfurt/M. 1971.
Ders., Das Ich und das Es und andere metapsychologische Schriften, Frankfurt/M. 1978.
Ders., Fetischismus, in: ders., Gesammelte Werke, Bd. XIV, Frankfurt/M. 1972.
Ders., Gesammelte Werke, Frankfurt/M. 1972.
Werner Fuld, Walter Benjamin. Zwischen den Stühlen. Eine Biographie, München 1979.
Helga Gallas, Strukturalismus als interpretatorisches Verfahren, Darmstadt 1972.
Jean-Luc Giribone, Les phénomènes ... et le reste, in: Communications, Bd. 36, 1982, S. 7-17.

Johann Wolfgang Goethe, Die Leiden des jungen Werther. Frühe Prosa, dtv-Gesamtausgabe, Bd. 13, München 1962.
André Green, Les »Mythologies« de Roland Barthes et la psychopathologie, in: Critique, 14, 1956, S.405-413.
Elena Guicciardi, Il romanzo di Roland, in: La Repubblica, 4.6.1986.
Jürgen Habermas, Bewußtmachende oder rettende Kritik – die Aktualität Walter Benjamins, in: Zur Aktualität Walter Benjamins, hrsg. von S. Unseld, Frankfurt/M. 1972.
Ders., Der philosophische Diskurs der Moderne. Zwölf Vorlesungen, Frankfurt/M. 1985.
Werner Hamacher (Hg.), Nietzsche aus Frankreich. Essays von M. Blanchot, J. Derrida, P. Klossowski, P. Lacoue-Labarthe, J.-L. Nancy u. B. Pautrat, Frankfurt/M. 1986.
Philippe Hamón, La description littéraire. Anthologie de textes théoretiques et critiques (de la antiquité à Roland Barthes), Paris 1991.
Michael Hauskeller (Hg.), Was das Schöne sei. Klassische Texte von Platon bis Adorno, München 1994.
Stephen Heath, Vertige du deplacement, lecture de Barthes, Paris 1971.
Hans-Horst Henschen (Hg.), Roland Barthes. Mit Beiträgen zu seinem Werk von Jacques Derrida, Jean-Pierre Richard, François Flahaut, Gérard Genette, Tzvetan Todorov, Réda Bensmaia, Serge Doubrovsky sowie einem unveröffentlichten Beitrag von Roland Barthes, München 1988.
Jochen Hörisch, Gott, Geld und Glück. Zur Logik der Liebe in den Bildungsromanen Goethes, Kellers und Thomas Manns, Frankfurt/M. 1983.
Jochen Hörisch/Georg Christoph Tholen (Hg.), Eingebildete Texte. Affairen zwischen Psychoanalyse und Literaturwissenschaft, München 1985.
Luce Irigaray. Das Geschlecht, das nicht eins ist, Berlin 1979.
Dies., Speculum. Spiegel des anderen Geschlechts, Frankfurt/M. 1980.
Dieter Jähnig, Welt-Geschichte: Kunst-Geschichte. Zum Verhältnis von Vergangenheitserkenntnis und Veränderung, Köln 1975.
Dietmar Kamper/Christoph Wulf (Hg.), Die Wiederkehr des Körpers, Frankfurt/M. 1982.
Dietmar Kamper/Willem van Reijen (Hg.), Moderne versus Postmoderne, Frankfurt/M. 1987.
Friedrich Kittler, Austreibung des Geistes aus den Geisteswissenschaften. Programm des Poststrukturalismus, Paderborn 1980.

Melanie Klein, Das Seelenleben des Kleinkindes und andere Beiträge zur Psychoanalyse, Hamburg 1972.
P. Klossowski/G. Bataille/M. Blanchot u. a., Sprachen des Körpers. Marginalien zum Werk von Pierre Klossowski, Berlin 1979.
Julia Kristeva, Le sens et la mode, in: Critique, 23, 1967, S. 1005-1031.
Dies., Semiologie – kritische Wissenschaft und/oder Wissenschaftskritik, in: Tel Quel. Die Demaskierung der bürgerlichen Kulturideologie. Marxismus – Psychoanalyse – Strukturalismus, München 1971.
Dies., Comment parler a la littérature, in: Strukturalismus in der Literaturwissenschaft, hrsg. von H. Blumensath, Köln 1972, S. 243-262.
Dies., Die Revolution der poetischen Sprache, Frankfurt/M. 1978.
Dies., Folle vérité. Vérité et vraisemblance du texte psychotique, Seminar unter der Leitung von J. Kristeva und Jean-Michel Ribettes, Paris 1979.
Dies., Histoires d'amour, Paris 1983.
Jacques Lacan, Subjekt und Geschichte, in: Alternative, 54, 1967, S. 124-126.
Ders., Schriften I, Olten/Freiburg 1973.
Ders., Le Séminaire, Livre XI. Les quatre concepts fondamentaux de la psychanalyse, Paris 1973.
Ders., Schriften II, Olten/Freiburg 1975.
Ders., Die vier Grundbegriffe der Psychoanalyse, Olten/Freiburg 1978.
Ders., Das Ich in der Theorie Freuds und in der Technik der Psychoanalyse. Das Seminar, Buch II, Olten/Freiburg 1980.
W.-D. Lange (Hg.), Französische Literaturkritik der Gegenwart in Einzeldarstellungen, Stuttgart 1975, S. 252-278.
Laotse, Tao te king. Das Buch des Alten vom Sinn und Leben, Düsseldorf 1972.
Roger Laporte, L'empire des signifiants, in: Critique, 28, 1972, S. 585-594.
Annette Lavers, Roland Barthes. Structuralism and after, London 1982.
Serge Leclaire, Der psychoanalytische Prozeß. Ein Versuch über das Unbewußte und den Aufbau einer buchstäblichen Ordnung, Olten 1971.
Hans-Thies Lehmann, Bild und Wort. Ein Photoroman, ein Text von Jacques Derrida, in: Merkur, Heft 1, 1986.
H. Lethen, Zur materialistischen Kunsttheorie Benjamins, in: Alternative, 56/57, 1967, S. 225-235.
Emmanuel Levinas, Die Zeit und der Andere, Hamburg 1984.
Ders., Ethik und Unendliches. Gespräche mit Philippe Nemo, hrsg. von P. Engelmann, Graz 1986.

Ders., Totalität und Unendlichkeit. Versuch über die Exteriorität, Freiburg/München 1987.
Ders., Die Spur des Anderen. Untersuchungen zur Phänomenologie und Sozialphilosophie, Freiburg 1987.
Wolfgang Loch (Hg.), Die Krankheitslehre der Psychoanalyse. Eine Einführung, Stuttgart 1983.
Niklas Luhmann, Liebe als Passion. Zur Codierung von Intimität, 4. Aufl., Frankfurt/M. 1984.
Jean-François Lyotard, Beantwortung der Frage: Was ist postmodern?, in: Tumult. Zeitschrift für Verkehrswissenschaft, hrsg. von Frank Bökkelmann/Dietmar Kamper/Walter Seitter, Weinheim 1982.
Margaret Mallac/Guy de et Eberbach, Barthes, Paris 1971.
Louis Marin, Roland Barthes par Roland Barthes ou L'autobiographie au neutre, in: Critique, 38, 1982, S. 734-743.
Gianfranco Marrone, Il systeme di Barthes, Mailand 1994.
Patrick Mauriés, Roland Barthes, Paris 1992.
Hartmut Melenk, Die formalen Systeme des französischen Strukturalismus, in: Philosophisches Jahrbuch, 79. Jg., S. 137-161.
Martin Melkonian, Le corps couché de Roland Barthes, Paris 1993.
A. Milet, Roland Barthes ou le paquet japonais, in: La foi et le temps, 8, 1978, S. 133-178.
David A. Miller, Bringing out Roland Barthes, Leiden 1992.
Michael Moriarty, Roland Barthes, Paris 1992.
Caroline Neubaur, Unterwegs zur Sprache der Liebe. Zu Roland Barthes' »Fragmente einer Sprache der Liebe«, in: Freibeuter 21, Berlin 1984, S. 129-136.
Friedrich Nietzsche, Werke in drei Bänden, hrsg. von Karl Schlechta, München 1966.
Christopher Norris, Les plaisirs des clercs. Barthes latest writing, in: British, 14, 1974, S. 250 ff.
Benoit Peeters, Recht auf Einsicht. Inszenierung und Montage: B. Peeters, M.-F. Plissart. Mit einer Lektüre von Jacques Derrida, hrsg. von P. Engelmann, Graz 1985.
Gilles Philippe, Roland Barthes, Paris 1996.
Plato, Werke, Reinbek 1964.
Marcel Proust, Auf der Suche nach der verlorenen Zeit, Bd. 6: Sodom und Gomorrha 1, Frankfurt/M. 1979.
Ulrich Raulff, Landlos werden. Zu Roland Barthes' »Das Reich der Zeichen«, in: Freibeuter 10.

Arthur Rimbaud, Eine Zeit in der Hölle. Licht-Spuren, in: ders., Poetische Werke, hrsg. von H. There/R.G. Schmidt, München 1979.
Philippe Roger, Roland Barthes, Roman, Paris 1986.
Walter von Rossum, »Nichts sagen, die Augen schließen«. Roland Barthes' Bemerkungen zur Photographie, in: Merkur, H. 2, 1986, S. 153-156.
Ders., Gesang einer sterbenden Stimme. »Begebenheiten«: zwei postume poetische Texte des französischen Zeichentheoretikers Roland Barthes, in: Die Zeit, 7.4.1989.
Gabriele Röttger-Denker, Roland Barthes. Ein Portrait, in: Eßlinger Zeitung, 22./23.6.1985.
Dies., Das Wort ergreifen. Anmerkungen zum Buch: »Frauen-Literatur-Geschichte: Schreibende Frauen vom Mittelalter bis zur Gegenwart«, in: Eßlinger Zeitung, 5./6.7.1986.
Dies., Woran man gute und schlechte Bücher erkennt. Einige Bemerkungen zu vier literarischen Neuerscheinungen, in: Eßlinger Zeitung, 7./8.11.1987.
Dies., Tanizaki Jun'ichiros Schrift »Lob des Schattens«. Ästhetik der Dämmerung, in: Eßlinger Zeitung, 18./19.6.1988.
Dies., Dilvas Erbe, in: Grenzen der Moral. Ansätze feministischer Vernunftkritik, hrsg. von Ursula Konnertz, Tübingen 1991, S. 145-158.
Florian Rötzer, Französische Philosophen im Gespräch, München 1986.
André Rouillé, Une aventure avec la photographie, Paris 1992.
Jean-Paul Sartre, Das Sein und das Nichts, Reinbek 1962.
Ders., Das Imaginäre. Phänomenologische Psychologie der Einbildungskraft, Hamburg 1980.
Ders., Wahrheit und Existenz, Reinbek 1996.
Ders., Saint Genet. Komödiant und Märtyrer, Schriften zur Literatur, Bd. 4, Reinbek 1982.
Helmut Scheffel, Ein Denker mit Augen für die Sprache. Zum Tod von Roland Barthes, in: FAZ, 28.3.1980.
Günther Schiwy, Der französische Strukturalismus. Mode, Methode, Ideologie, Reinbek 1984.
Ders., Poststrukturalismus und »Neue Philosophen«, Reinbek 1985.
Rita Schober, Im Banne der Sprache. Strukturalismus in der Nouvelle Critique, Halle 1968.
Gershom Scholem, Zur Kabbala und ihrer Symbolik, Frankfurt/M. 1977.
Ders., Judaica 3. Studien zur jüdischen Mystik, Frankfurt/M. 1981.
Arthur Schopenhauer, Die Welt als Wille und Vorstellung, Berlin/Wien 1924.

Hugh J. Silverman, Gadamer and hermeneutics: science, culture, literature; Plato, Heidegger, Barthes, Ricœur, Habermas, Derrida, New York 1991.
John Vignaux Smyth, A question of eros, Tallahassee 1986.
Susan Sontag, Über Fotografie, Frankfurt/M. 1980.
Dies., L'Écriture même: À propos de Roland Barthes, Paris 1982.
Gottfried Teichmann, Psychoanalyse und Sprache. Von Saussure zu Lacan, Würzburg 1983.
Raimund Theis, Roland Barthes, in: Französische Literaturkritik der Gegenwart, hrsg. von Wolf-Dieter Lange, Stuttgart 1975, S. 252-278.
Victorino Tejera, Semiotics from Peirce to Barthes. A conceptual introduction to the study of communication, interpretation and expression, Leiden 1988.
Philip Thody, Roland Barthes. A Conservative Estimate, London 1977.
Georg Christoph Tholen, Liebe ohne Mangel. Stichworte zu Roland Barthes: Fragmente einer Sprache der Liebe, in: Fragmente, 14/15, April 1985, hrsg. vom Wissenschaftszentrum II, Gesamthochschule Kassel.
Chantal Thomas, La photo du jardin d'hiver, in: Critique, 38, 1982, S. 797-804.
Steven Ungar, Roland Barthes. The Professor of Desire, University of Nebraska Press 1983.
Gianni Vattimo, Das Ende der Moderne, Stuttgart 1990.
Klaus Wagenbach, Franz Kafka. Bilder aus seinem Leben, Berlin 1983.
F. Wahl (Hg.), Einführung in den Strukturalismus, Frankfurt/M. 1973.
Bernhard Waldenfels, Phänomenologie in Frankreich, Frankfurt/M. 1983.
George R. Wasserman, Roland Barthes, Boston 1981.
Albrecht Wellmer, Zur Dialektik von Moderne und Postmoderne, Frankfurt/M. 1985.
D.W. Winnicott, Vom Spiel zur Kreativität, Stuttgart 1973.
Ders., Die menschliche Natur, Stuttgart 1994.

Zeittafel

1915	Roland Barthes wird am 12. November in Cherbourg geboren. Sein Vater, der Fähnrich zur See Louis Barthes, kommt 1916 bei einer Seeschlacht in der Nordsee ums Leben.
1916-24	Kindheit in Bayonne.
1924	Umzug nach Paris.
1930-34	Schüler am Lycée Louis-le-Grand in Paris. Von der 3. Klasse bis zur Abschlußklasse Unterricht in Philosophie.
1934	Blutsturz (10. Mai), Läsion der linken Lunge.
1935	Beginn des Studiums der Klassischen Literatur an der Sorbonne.
1937	Freistellung vom Militärdienst. Während des Sommers Lektor in Debrecen (Ungarn).
1938	Reise nach Griechenland mit der Gruppe für antikes Theater.
1939	Licence in Klassischer Literatur.
1940	Repetitor und Lehrer in den Gymnasien Voltaire und Carnor in Paris. Diplomarbeit über die griechische Tragödie.
1941	Rückfall: Lungentuberkulose (Oktober 1941).
1943	Rückfall: Probleme mit der rechten Lunge (Juli 1943).
1945	Pneumothorax am rechten Brustfell (Oktober 1945).
1946-47	Rekonvaleszenz in Paris.
1948-49	Bibliothekarsgehilfe, dann Lehrer am Institut Français in Bukarest und Lektor an der dortigen Universität.
1949-50	Lektor an der Universität in Alexandria (Ägypten).
1950-52	Tätigkeit in der Direction générale für Kulturbeziehungen, Abteilung Unterricht.
1952-54	Praktikant in der wissenschaftlichen Forschung am Centre National de la Recherche Scientifique (Lexikologie).
1954-55	Literarischer Berater in den Éditions de l'Arche.
1955-59	Attaché de recherches im C.N.R.S. (Soziologie).
1960-62	Chef de travaux an der VI. Sektion der École Pratique des Hautes Études, Wirtschafts- und Gesellschaftswissenschaften.

1962	Directeur d'études an der École Pratique des Hautes Études (»Sociologie des signes, symboles et représentations«).
1977	Lehrstuhl für Semiologie der Literatur am Collège de France (auf Vorschlag von Foucault).
1979	Tod der Mutter.
1980	Am 26. März stirbt Roland Barthes in Paris an den Folgen eines Verkehrsunfalls.

Leben und Werk werden umfassend dargestellt in der auch kulturpolitisch beeindruckenden Biographie von: Louis-Jean Calvet, Roland Barthes. Eine Biographie, Frankfurt/M. 1993.

Gabriele Röttger-Denker, geb. 1953 in Geislingen/Steige, Studium der Philosophie, Germanistik, Anglistik und Osteuropäischen Geschichte in Tübingen, 1988 Promotion zum Dr. phil., arbeitete als Dozentin an der Universität in Pisa, dann in der Erwachsenenbildung und als Therapeutin in der Kinder- und Jugendpsychiatrie. Seit 1982 verheiratet mit dem Tübinger Professor für Philosophie und Psychoanalytische Theorie *Rolf Denker.* Sie starb im Mai 1989 nach unheilbarer Krebserkrankung.

In der Reihe »Zur Einführung« im Junius Verlag bisher erschienen:

Theodor W. Adorno
von Gerhard Schweppenhäuser

Hans Albert
von Eric Hilgendorf

Günther Anders
von Konrad Paul Liessmann

Karl-Otto Apel
von Walter Reese-Schäfer

Hannah Arendt
von Karl-Heinz Breier

Ingeborg Bachmann
von Stefanie Golisch

Roland Barthes
von Gabriele Röttger-Denker

Georges Bataille
von Peter Wiechens

Jean Baudrillard
von Falko Blask

Samuel Beckett
von Friedhelm Rathjen

Henri Bergson
von Gilles Deleuze

Ernst Bloch
von Detlef Horster

Hans Blumenberg
von Franz Josef Wetz

Pierre Bourdieu
von Markus Schwingel

Giordano Bruno
von Anne Eusterschulte

Martin Buber
von Siegbert Wolf

Edmund Burke
von Robert Zimmer

Elias Canetti
von Dagmar Barnouw

Ernst Cassirer
von Heinz Paetzold

E.M. Cioran
von Richard Reschika

Donald Davidson
von Kathrin Glüer

Jacques Derrida
von Heinz Kimmerle

John Dewey
von Martin Suhr

Denis Diderot
von Ralph-Rainer Wuthenow

In der Reihe »Zur Einführung« im Junius Verlag bisher erschienen:

Wilhelm Dilthey
von Matthias Jung

Meister Eckhart
von Norbert Winkler

Umberto Eco
von Dieter Mersch

Mircea Eliade
von Richard Reschika

Norbert Elias
von Ralf Baumgart
und Volker Eichener

Johann Gottlieb Fichte
von Helmut Seidel

Michel Foucault
von Hinrich Fink-Eitel

Paulo Freire
von Dimas Figueroa

Anna Freud
von Rolf Denker

Sigmund Freud
von Hans-Martin Lohmann

Salomo Friedlaender (Mynona)
von Peter Cardorff

Erich Fromm
von Helmut Wehr

Jürgen Habermas
von Detlef Horster

Nicolai Hartmann
von Martin Morgenstern

Martin Heidegger
von Günter Figal

Heinrich Heine
von Ralf Schnell

Thomas Hobbes
von Wolfgang Kersting

Friedrich Hölderlin
von Henning Bothe

Max Horkheimer
von Willem van Reijen

Edmund Husserl
von Peter Prechtl

William James
von Rainer Diaz-Bone
und Klaus Schubert

Karl Jaspers
von Werner Schüßler

Uwe Johnson
von Stefanie Golisch

Hans Jonas
von Franz Josef Wetz

In der Reihe »Zur Einführung« im Junius Verlag bisher erschienen:

C. G. Jung
von Micha Brumlik

Franz Kafka
von Wiebrecht Ries

Immanuel Kant
von Jean Grondin

Sören Kierkegaard
von Konrad Paul Liessmann

Lawrence Kohlberg
von Detlef Garz

Heinz Kohut
von Ralph J. Butzer

Alexandra Kollontai
von Gabriele Raether

Siegfried Kracauer
von Gertrud Koch

Julia Kristeva
von Inge Suchsland

Pjotr Kropotkin
von Heinz Hug

Jacques Lacan
von Gerda Pagel

Gustav Landauer
von Siegbert Wolf

Lao-tzu
von Florian C. Reiter

Emmanuel Lévinas
von Bernhard H.F. Taureck

Claude Lévi-Strauss
von Edmund Leach

Karl Liebknecht
von Ossip K. Flechtheim

John Locke
von Walter Euchner

Niklas Luhmann
von Walter Reese-Schäfer

Georg Lukács
von Rüdiger Dannemann

Martin Luther
von Dietrich Korsch

Rosa Luxemburg
von Ossip K. Flechtheim

Jean-François Lyotard
von Walter Reese-Schäfer

Niccolo Machiavelli
von Quentin Skinner

Karl Mannheim
von Wilhelm Hofmann

In der Reihe »Zur Einführung« im Junius Verlag bisher erschienen:

Herbert Marcuse
von Hauke Brunkhorst
und Gertrud Koch

Karl Marx
von Ossip K. Flechtheim
und Hans-Martin Lohmann

George Herbert Mead
von Harald Wenzel

Montaigne
von Peter Burke

Montesquieu
von Michael Hereth

Robert Musil
von Thomas Pekar

Friedrich Nietzsche
von Wiebrecht Ries

Novalis
von Berbeli Wanning

Blaise Pascal
von Eduard Zwierlein

Jean Piaget
von Ingrid Scharlau

Platon
von Barbara Zehnpfennig

John Rawls
von Wolfgang Kersting

Wilhelm Reich
von Martin Konitzer

Karl Renner
von Anton Pelinka

Paul Ricœur
von Jens Mattern

Richard Rorty
von Detlef Horster

Otto Rühle
von Henry Jacoby
und Ingrid Herbst

Jean-Paul Sartre
von Martin Suhr

Ferdinand de Saussure
von Peter Prechtl

Friedrich W.J. Schelling
von Franz Josef Wetz

Carl Schmitt
von Reinhard Mehring

Arthur Schopenhauer
von Wolfgang Korfmacher

William Shakespeare
von Bernhard H.F. Taureck